宁夏大学研究生教材建设项目资助

XINWEN CHUANBOXUE SHUOSHI XUEWEI LUNWEN XIEZUO ZHIDAO
新闻传播学硕士学位论文写作指导

宫京成　著

·郑州·

图书在版编目(CIP)数据

新闻传播学硕士学位论文写作指导 / 宫京成著.
郑州：河南大学出版社，2024.6. -- ISBN 978-7-5649-5969-2

Ⅰ.G210

中国国家版本馆CIP数据核字第2024UY1857号

责任编辑　柳　涛
责任校对　陈　巧
封面设计　马　龙

出　版	河南大学出版社
	地址：郑州市郑东新区商务外环中华大厦2401号　邮编：450046
	电话：0371-86059701(营销部)　网址：hupress.henu.edu.cn
	0371-86059750(高等教育与职业教育分公司)
排　版	郑州市今日文教印制有限公司
印　刷	广东虎彩云印刷有限公司
版　次	2024年6月第1版　　印　次　2024年6月第1次印刷
开　本	710 mm×1010 mm　1/16　　印　张　7
字　数	166千字　　定　价　39.00元

（本书如有印装质量问题，请与河南大学出版社营销部联系调换。）

目 录

第一章 认识硕士学位论文 …………………………………………………（1）
 第一节 新闻传播学硕士学位论文的基本特征与要求 ……………………（1）
  一、理论性:学位论文要"以论为主" ……………………………………（2）
  二、创新性:学位论文要有"研究价值增量" ……………………………（3）
  三、规范性:学位论文要"被学术共同体认可" …………………………（5）
  四、深度性:学位论文要有"硕士论文的体量" …………………………（6）
 第二节 新闻传播学学位论文的具体要求 …………………………………（8）
  一、新闻传播学学术型硕士学位论文基本要求 …………………………（8）
  二、新闻与传播专业硕士学位论文基本要求 ……………………………（9）
 第三节 新闻传播学的学科内涵和学科范围 ………………………………（11）
  一、新闻传播学的学科内涵 ………………………………………………（11）
  二、新闻传播学的学科范围 ………………………………………………（12）
 第四节 新闻传播学的学科气质 ……………………………………………（16）
 第五节 新闻传播学硕士论文主要类型 ……………………………………（17）
  一、理论研究类 ……………………………………………………………（17）
  二、史论研究类 ……………………………………………………………（18）
  三、业务研究类 ……………………………………………………………（18）
  四、文化研究类 ……………………………………………………………（19）
 第六节 硕士学位论文的研究写作过程与评审环节 ………………………（20）
  一、选题 ……………………………………………………………………（20）
  二、开题 ……………………………………………………………………（21）
  三、初稿写作 ………………………………………………………………（21）
  四、预答辩、答辩前评审和答辩 …………………………………………（22）

第二章 学术道德规范:规范要求与实践问题 ……………………………（24）
 第一节 人文社会学科学位论文学术道德规范的基本要求 ………………（24）

第二节　人文社会学科学位论文学术道德规范的几个实践问题…………（26）
　　一、论文文献使用与标注的规范问题……………………………………（26）
　　二、机器写作直接参与论文写作的规范问题……………………………（28）

第三章　问题意识:硕士学位论文的灵魂……………………………………（30）
　第一节　学位论文问题意识的内涵解读……………………………………（30）
　第二节　学位论文研究写作把握"问题意识"应注意的几个问题…………（31）
　　一、学位论文问题意识中的"问题"与"意识"……………………………（32）
　　二、学位论文问题意识要经历由"问题"到"论题"的转化………………（33）
　　三、问题意识要贯穿论文研究写作全过程,论文必须充分呈现问题意识…
　　　…………………………………………………………………………（34）

第四章　选题突破:硕士论文选题的暗域、黎明与破土……………………（35）
　第一节　暗域:硕士学位论文选题的过程、要求与来源……………………（35）
　　一、硕士学位论文选题的基本过程………………………………………（35）
　　二、硕士学位论文选题的基本要求………………………………………（36）
　　三、硕士学位论文选题的考虑要素………………………………………（38）
　第二节　黎明:硕士学位论文选题的主要来源………………………………（40）
　　一、从新闻传播实践和人民群众文化实践中发现选题…………………（40）
　　二、从新闻传播文献资料中发现选题……………………………………（40）
　　三、从参与了解新闻传播学术活动中发现选题…………………………（41）
　　四、从课程学习讨论、与导师交流中发现选题…………………………（42）
　第三节　破土:硕士学位论文选题的"研究领域"与"研究问题"…………（42）
　　一、研究领域、研究对象、研究问题………………………………………（43）
　　二、确定论文"研究问题"应注意的几个问题……………………………（45）

第五章　文献运用:硕士论文的文献调研与文献综述………………………（48）
　第一节　认识文献调研与文献综述…………………………………………（48）
　　一、文献调研…………………………………………………………………（48）
　　二、文献综述…………………………………………………………………（50）
　第二节　文献综述的主要作用………………………………………………（50）
　　一、说明研究基础,标示研究努力…………………………………………（51）
　　二、说明研究价值,凸显问题意识…………………………………………（52）
　第三节　文献综述的主要内容………………………………………………（52）

一、明确论文文献综述的框架 ………………………………………（53）
　　　二、对研究对象、研究问题相关文献的回顾与评价 …………………（54）
　　　三、提出本论文研究问题 ……………………………………………（55）
　第四节　撰写文献综述的主要原则 ………………………………………（55）
　　　一、重视厉行原则 ……………………………………………………（55）
　　　二、遵守规范原则 ……………………………………………………（56）
　　　三、述评结合原则 ……………………………………………………（56）
　　　四、整体统一原则 ……………………………………………………（56）
　第五节　文献综述的常见结构逻辑 ………………………………………（57）
　　　一、以问题横向关系逻辑综述 ………………………………………（57）
　　　二、以问题史、概念史逻辑综述 ……………………………………（58）
　　　三、以比较逻辑综述 …………………………………………………（59）

第六章　方法匹配：硕士论文研究方法的选择与表达 ……………………（60）
　第一节　选对"锄头"，打出"粮食" ……………………………………（60）
　　　一、学位论文必须重视研究方法，但不能"唯定量方法至上" ……（61）
　　　二、不能只顾炫耀"锄头"而忘记了"种田" ………………………（61）
　第二节　新闻传播学硕士论文研究方法运用与表达的常见问题 ………（62）
　　　一、关于马克思主义社会科学方法 …………………………………（62）
　　　二、关于文献研究法 …………………………………………………（63）
　　　三、关于案例研究法 …………………………………………………（63）
　　　四、关于文本分析法 …………………………………………………（66）
　　　五、关于访谈法、观察法 ……………………………………………（68）

第七章　谋篇剥笋：硕士论文的结构与论证 ………………………………（70）
　第一节　谋篇布局：硕士学位论文的结构安排与表达 …………………（70）
　　　一、整体自洽 …………………………………………………………（71）
　　　二、完整清晰 …………………………………………………………（73）
　　　三、轻重平衡 …………………………………………………………（74）
　　　四、格式统一 …………………………………………………………（75）
　第二节　层层剥笋：硕士学位论文的论证逻辑与方法 …………………（79）
　　　一、学位论文论证应具有的四种意识 ………………………………（79）
　　　二、论文基于逻辑思维的论证方法 …………………………………（83）

第八章　严平庄雅:硕士论文的语言规范与各部分内容写作 （85）
第一节　学位论文语言表达的基本要求与常见问题 （85）
一、准确严谨 （85）

二、客观中立 （86）

三、简明清晰 （88）

四、规范专业 （89）

第二节　学位论文各部分内容写作 （91）
一、论文题目 （91）

二、摘要 （94）

三、关键词 （96）

四、绪论中的引言 （97）

五、研究意义 （98）

六、结论(结语) （100）

七、其他部分 （103）

第一章 认识硕士学位论文

硕士学位论文是研究生申请硕士学位最重要的成果要求,是研究生科学研究能力、学术水平和写作水平的集中体现。近年来,高校硕士研究生课程设置中都有《论文写作指导》课程(或专题讲座),本书主要讲授新闻传播学硕士论文研究、写作。需要指出,对于任何论文,"写作"只是论文研究问题、文献综述、研究方法、论证论说书面话语的逻辑化呈现过程,主要包括谋篇布局、语言使用与规范、遣词用句等,属于"形式"层面,是"怎么说"的问题;而论文更为重要的是确定具有研究价值的特定问题,并在学术共同体学术规范的要求下经过文献调研与综述、使用恰当的研究方法对所研究的问题展开论证,这是论文的"内容"层面,是"说什么"的问题。毫无疑问,内容决定形式。因此,《论文写作指导》作为一门课程(或专题讲座),对论文写作方法的讲授解读固然重要,但是更为核心的是要将硕士学位论文的问题意识、选题要求、文献综述、方法运用等讲清楚说明白。质言之,硕士论文写作的"章法"除了基本的学术语言使用外,还要能够聚焦、提炼并展示论文的研究问题、研究价值、研究方法、文献基础和主体部分。

本章主要讲授硕士学位论文的基本特征、学科气质与写作过程。

第一节 新闻传播学硕士学位论文的基本特征与要求

新闻传播学是文学门类下的一级学科,属于人文社会学科即"文科",通过硕士论文答辩的研究生被授予"文学硕士"学位或新闻与传播专业硕士学位(MJC)。因而,新闻传播学硕士学位论文大多是具有人文社会学科之学科气质的论文,其基本特征有四:一是理论性,即论文要"论",论文的主体、重点和亮点是"论证""阐释""说理"而不是"陈述""说明""罗列现象、事实和文本";二是创新性,即论文要有明确的问题意识和研究价值,论文至少要在理论阐释、研究问题、研究对象、研究视角、研究方法、研究材料(史料)一个或多个方面"研"前人所"未研""罕研""少研";三是规范性,即论文研究写作者要有学术共同体规范意识,要在知晓掌握学术共同体基本规范的基础上进行创新;四是深度性,即论文要针对特定研究问题展开"多维"研究,研究工作量和写作工作量饱满。

一、理论性:学位论文要"以论为主"

在英文中,研究生学位论文称为"dissertation"或"thesis"。一般地,英美的一些大学用"dissertation"称谓博士学位论文,而用"thesis"称谓硕士学位论文,但二者并没有严格的区分。[①] 从这两个词语的释义看,"dissertation"是指"对某个特定的研究问题进行深入的研究",而"thesis"是指"对某个问题或者课题进行探讨"。学位论文是舶来品,在中国古代政学体系中能够大体与之对应的是"策论",策论是就时政问题加以论说并提出对策的文章,宋代以来成为科举试士的项目之一。因而,从学位论文的中西释义、源头看,提出问题并通过理论论证来解决问题是其最基本的特征。如果从最简单的文章文体——记叙文、说明文、议论文"三分法"来看,学位论文属于议论文。

在实践中,学位论文的理论性有以下四方面要求。

首先,学位论文的主体、重点和亮点是"论证""阐释""说理"。论文中的背景介绍、案例陈述、事实呈现要为论文的理论论证服务,论文的核心章节应该是对研究问题进行逻辑化深入论证、阐释的部分。这些章节在论文开题报告设计中要重点谋划;在论文写作中要重点突出;在最终完成的论文文本中要占据主体。

其次,要分清论文、研究报告、案例分析的区别,不能以研究报告、案例分析的思维作论文研究,写作学位论文。新闻传播学硕士学位分为学术型硕士和专业型硕士两类。其中专业型硕士研究生可以以研究报告、案例分析、实践作品申请硕士学位,也可以以学位论文申请硕士学位;学术型硕士研究生主要以学位论文申请硕士学位。由于新闻传播学专业及课程设置具有实践性强、与新闻实务联系紧密的特点,在新闻传播学学位论文研究写作实践中,有部分学生常会混淆论文、研究报告、案例分析的区别,将学位论文作的"三不像"——"像"学位论文却理论论证、阐释弱化,所占篇幅很少;"像"研究报告却又纠缠于理论说理,不接地气;"像"案例分析却又没有按照标准的案例分析方法、体例撰写。最终,论文沦为"说明书",论文的写法主要是"陈述""说明"而不是"论证",论文文本的主要篇幅在"罗列现象、事实和文本",而不是阐释、

[①] 王道红:《学位论文质量管理研究》,华东师范大学博士学位论文,2005年,第16页。

剖析研究问题。

再次,要把握好选题为新闻传播史、新闻传播实务类学位论文的理论性。新闻传播史类学位论文要兼顾新闻传播学和史学两类学科的学科气质,史论结合、论从史出、重视史料是这类论文的基本特征与核心要求,通过爬梳史料得出今人之鉴是这类论文的重要目标。因而,新闻传播史类学位论文要处理好史料与史论的关系、"学问"与"思想"的关系,优秀的史学论文肯定不是只堆砌史料,停留在故纸堆中而缺失思想、不映照现实的文章,正如柯林伍德及克罗齐所言"一切历史都是思想史""一切历史都是当代史"。选题为新闻传播实务类的学位论文,体现其理论性,是研究写作的难点,但既然选择以论文而不是以研究报告、案例分析的形式开展研究,就必须按照论文思维研究写作。保证新闻传播实务类学位论文理论性的突围路径是在研究清楚"术"之有用、可行策略基础之上,以"学"和"史"的视野剖析"术",从"术"的流变、产生语境、原理、业界争鸣、社会影响等角度对特定新闻传播业务展开多维的、思辨性的解读。

最后,要辩证认识学位论文的理论性,切忌"为了理论而理论"。学位论文具有理论性要求是由论文的本质属性、功能和学术共同体规定所决定的,但是在实践中,我们又要力避另一种倾向——"为了理论而理论"。理论具有解释、规范、引导、反思与预见现实的功能,论文的理论性,其根本目标是要通过对特定问题的研究阐释,从学理层面弄清楚问题的发生机理、运行机制、规范路径、未来走向等,实现从现象到本质、从个别到一般的认识论意义上的跃升,最终是为了指导实践、预见未来。但是在实践中,有的新闻传播学学位论文存在"为了理论而理论"的倾向,主要表现为:研究"问题"与现实完全脱节,不是"真问题"而是"伪命题",论文几乎沦为"理论"的思维展示,而不具有对现实的指导意义;研究"问题"内卷化,不是"大问题"而是"乏问题","抱住一个小题目""仿佛躲进一道自筑的墙围"[①]。这样的论文是"为了研究而研究",看似与现实有联系,但实际上,只是庸繁啰嗦地"研究"了问题的细枝末节,既乏味无趣,又啰嗦无用,只是为了增强论文的理论性而罗列堆砌理论,甚至张冠李戴、食洋不化,生吞活剥、生搬硬套地用理论来解释现实。

二、创新性:学位论文要有"研究价值增量"

如果说理论性是学位论文的基本要求,论文能不能写成"说明书",那么,创新性

---

① 李金铨:《传播研究的典范与认同》,《书城》,2014年第2期,第51—63页。

则是学位论文学术价值和应用价值层面的要求,论文不能写成一般意义上的"教科书",而要有"研究价值增量"。

我们先以中国古代科举考试中的"八股文"为例来剖析缺失"价值增量"的文章。谈到中国古代科举考试,一般人总以为是考"八股文",其实,八股文只是明清两代考试所用的文体,而且,也绝不仅仅考八股文。明清两代科举考试的内容很复杂,除了八股文以外还有试帖诗、策问,殿试时还要考策论。八股文的正式名称叫"制艺",或者叫"制义"。启功先生的解释是:"科举考试是皇帝命令'士子'的事,皇帝的命令称为'制',皇帝命作的文艺便叫做'制艺',考试的内容是要士子讲明所学的某种经书中的某项道理,讲解经书中道理的文章叫做'义',今天教科书、教材还叫'讲义',讲解经书中道理的文章叫做'经义'。"①因此,严格算起来,八股文其实不是真正的文章,它只是以文章的形式阐发儒家经义而已。例如题目出自《论语》里孔子的话:"知之为知之,不知为不知,是知也。"那么这篇文章无论写三百还是七百字,你都要像孔子对别人说话一样,文章的内容就是反复陈述这两句话的意思,如果掺杂了其他人的口气就不符合要求了。八股文不能表达自己的思想,后来有的人就把写八股文比作演戏,你要讲的话都是戏中人物的话而不是你自己的话,这些话必须符合那个角色。所以,八股文其实不是真正的文章。②

八股文不是真正的文章,更不是论文,因为它没有新的思想、观点、内容,只是重复前人的经典话语。而新闻传播学学位论文务必要有创新性,本书将其理解为价值增量,主要体现以下的至少一个方面:一是论文在理论上具有新观点、新发现;二是论文研究了具有研究价值而尚未引起学界、业界足够注意的新问题;三是以新的视角、新的方法研究了一个"老问题";四是发现并运用了新的史料、新的文献资料针对特定问题开展研究,这特别体现于新闻传播史类论文对新史料的发掘运用;五是以学科交叉,尤其是文理学科交叉的视野、方法开展了研究。可以看出,上述"创新点"都在一定程度上实现了学术研究的增量创新,而不仅是在已有研究成果上的存量重复。

创新性则是学位论文学术价值和应用价值层面的要求,论文不能写成一般意义上的"教科书"。我们并非认为教科书就是没有创新性的写作,相反地,一个学科中经典的教科书远比一般学术论文具有更高的价值。但是,学位论文又要力避"教科书化"的研究取向和写作风格,这是由论文与教科书的功能本质相异所决定的。教科书

---

① 启功:《说八股》,《启功丛稿·论文卷》,第338页,中华书局2008年版。
② 赵志伟:《八股文、策论和试帖诗——谈谈中国古代的考试文章和诗歌》,《中学语文教学》,2015年第10期,第85—88页。

是对一个专业、学科的基本概念、基本理论、基本原理的介绍,是对学科、专业"常识"的书写;学位论文是对具有研究价值的特定研究问题的逻辑化论证阐释。教科书写作的常用体例是概念界定、背景介绍、特征描述、经典理论观点陈述等。学位论文可以在局部章节运用这样的体例来说明研究对象,但是不宜将这样的体例作为论文的整体章节安排,否则,论文很容易"教科书化"而无法实现研究价值增量创新。同时,研究生应明确,学位论文对研究对象的概念界定、背景介绍、特征描述等虽不可或缺,但这些部分不应是论文的主体,而只是论文研究问题的基础(运用概念史范式研究的论文除外)。

三、规范性:学位论文要"被学术共同体认可"

硕士学位论文是研究生申请硕士学位的必备条件,论文要经过开题、预答辩、专家评审(盲审)、答辩等环节和同行专家的评议。近年来,各级教育行政管理部门还会对已授予学位的论文开展抽检。因此,一篇硕士学位论文至少要经过10位同行专家的审读,这些同行专家一般都属于一个学科的学术共同体。此外,硕士研究生的培养主要由高校(科研院所)组织实施,高校(科研院所)对硕士论文的体例、格式要求虽大同小异但也会有各自的惯习,学位论文必须严格遵守学位授予单位这一学术共同体的相关规定。论文只有被上述学术共同体认可并评定合格,才能成为研究生申请硕士学位的"学位论文"。因此,学位论文"文无定法"但要"文遵规范"。

学术共同体也被称为科学共同体。库恩认为,科学共同体就是产生科学知识的科学家集团。科学家集团由特定专业的从业者组成,他们因教育和科学训练的共同要素而联系在一起,了解彼此的工作,有充分的专业方面的思想交流,在专业方面的判断比较一致。最核心的是,科学共同体的形成在于其成员接受共同的"范式"(paradigm)。库恩说的范式是指信念、理论、方法、价值标准等,科学共同体的基本特征就是共同体的成员拥有共同的信念、理论、方法,接受同样的价值标准。从库恩给出的定义中可以概括出科学共同体的特征:"它是产生科学知识的科学家集团,集团的成员有经常性的充分的学术交流,他们的专业判断比较一致,拥有共同的范式"。[①]

新闻传播学硕士学位论文的评价者就是由从事新闻传播学教学科研工作的学者组成的学术共同体,他们共享新闻传播学基本研究范式,对新闻传播学学科气质、知

---

① 梁庆寅:《学术共同体的基本特征》,《开放时代》,2016年第4期,第12—14页。

识谱系、经典文献、研究历史与前沿、研究伦理、重要学术刊物、学术评价标准等有大致一致的认知与理解。他们依据学术共同体规范、惯习对论文作学术评价,评价重点主要有:一是论文选题方面。评价选题所具有的理论意义或实用价值,对国内外该选题以及相关领域发展现状的认识、综述情况;二是基础知识和科研能力方面。评价对国内外学术和实务动态、本学科领域前沿知识以及本专业理论与技术的了解程度,引用文献与参考文献的质量;三是创新性及论文价值达成方面。评价论文作者发现、分析、解决问题的能力,论文的新见解、新观点、新方法、新材料,论文的理论或实用价值达成度;四是论文规范性方面。评价论文概念清晰与理论论证严谨的程度、材料的真实性和结论的合理性、论文语言表达的规范性等。

此外,格式与结构也是学位论文规范要求的重要方面。不同的学位授予单位、学科会对学位论文格式提出不同的要求,也会形成各具特色的惯例。例如,规范的英国大学文科研究生学位论文一般由六个基本部分组成:"前言、文献回顾、研究方法、研究结果、分析或讨论、结论或总结。"[①]又如,对于论文摘要,有的高校限定500字以内;有的高校则限定800字以内。研究生应认真阅读并掌握授予学位高校硕士学位论文的格式与结构要求,并严格按照具体要求写作、排版。同时,应充分阅读本校合格的已授予学位的论文,学习领会本校学位论文规范性要求。

四、深度性:学位论文要有"硕士论文的体量"

硕士学位论文是为申请硕士学位而撰写的论文。学术共同体也是根据能够授予硕士学位的研究者应具有的研究、写作能力来评价硕士学位论文。因而,申请硕士学位的论文就必须要有"硕士论文的体量"。

《中华人民共和国学位条例(修正)》第五条的规定是"高等学校和科学研究机构的研究生,或具有研究生毕业同等学力的人员,通过硕士学位的课程考试和论文答辩,成绩合格,达到下述学术水平者,授予硕士学位:(一)在本门学科上掌握坚实的基础理论和系统的专门知识;(二)具有从事科学研究工作或独立担负专门技术工作的能力。"该条例中对授予学士学位者学术水平的规定是"(一)较好地掌握本门学科的基础理论、专门知识和基本技能;(二)具有从事科学研究工作或担负专门技术工作的

---

① 陈晓瑞:《英国大学文科研究生学位论文的结构要求及其启示》,《高等教育研究》,2003年第2期,第101—105页。

初步能力。"该条例中对授予博士学位者学术水平的规定是"(一)在本门学科上掌握坚实宽广的基础理论和系统深入的专门知识;(二)具有独立从事科学研究工作的能力;(三)在科学或专门技术上做出创造性的成果。"[①]根据上述对学士、硕士、博士学术水平的规定,硕士学位论文"硕士论文的体量"即深度性主要是指,相对于学士学位论文,硕士学位论文要针对特定研究问题展开"多维"研究,研究工作量和写作工作量饱满。

首先,论文要针对特定研究问题展开"多维"研究,多维可以是多视角、多方法等。同时,要有以"类""史""比较"的思维开展研究。一是"类"的思维。论文选题的研究对象最好定向为"某一类",而不是"某一个"。因为,研究对象为"某一个"的研究,研究文本、文献资料很可能是单一而有限的,研究结论从逻辑上也无法归纳、推演为规律性的内容,很容易造成论文体量不足、深度不足;二是"史"的思维。"我是谁？我从哪里来？我到哪里去？"是苏格拉底的灵魂三问,是哲学的最终问题,也是所有有分量的论文剖析回答研究问题的"经典三维"。一般地,学士学位论文能够回答清楚"我是谁"就已完成基本任务,而硕士学位论文则需要在全面回答"我是谁"的同时,将"我"放置于时空之维,从概念史、形态流变史、产生语境、学术争鸣史等维度去分析回答"我从哪里来"这个问题;三是"比较"的思维。"比较"本身就是学术研究的一种常用方法,有的论文的主要研究方法和逻辑结构安排就是比较法。即便论文主体思维不是比较法,硕士论文研究写作也要有比较的意识,通过将研究对象与其他对象进行横向或纵向的比较,会提升论证的科学性、逻辑性。

其次,研究工作量和写作工作量饱满。文科硕士学位论文的研究工作量由文献阅读与使用量、研究对象个案数量、调研与访谈对象数量、定量研究测量文本抽样数量、理论论证深度等决定。在论文评审中,评审者会根据论文作者申明的研究方法,对论文研究过程、数据分析、研究结论进行评价。对于以定量研究方法为主的论文,在要求研究方法与研究问题、研究假设的匹配度和科学性的基础上,考查测量样本数量、质量是否足以支撑获得的研究结论;对于以定性研究方法为主的论文,主要考察理论深度、文献质量、论证逻辑等。文科硕士学位论文的写作工作量一般在3万字以上,大多数论文在5万字左右,论文除引言(绪论)外,一般不少于3章,每一章不少于2节。当然,论文字数并不是论文质量最重要的决定因素,一篇"三碗豆腐,豆腐三

[①] 《中华人民共和国学位条例(修正)》,中国人大网,http://www.npc.gov.cn/npc/c198/200408/871a4abd52b44a5e8d55dba0fad5af51.shtml

碗"灌水充数的论文,字数越多,价值越低。

第二节　新闻传播学学位论文的具体要求

2024年初,国务院学位委员会第八届学科评议组、全国专业学位研究生教学指导委员会编修了《研究生教育学科专业简介及学位基本要求(试行版)》,其中的《新闻传播学一级学科简介和基本要求》,对新闻传播学学术型硕士学位论文和新闻与传播专业硕士学位论文提出了明确的、具体的要求。①

一、新闻传播学学术型硕士学位论文基本要求

(一)规范性要求

第一,论文选题要有一定的理论意义或实际应用价值,理论前提可靠。

第二,论文的切入口要小,原则上不能以全中国、全世界(即使某一方面的全中国、全世界)作为选题的起点。

第三,论文必须有关于选题的文献检索,检索要追溯到选题的起点文献;要有对选题涉及的代表性学术专著和专论的评价。在此基础上,论述选定选题的学术意义。

第四,论文必须以本学科和相邻学科的相关学术理论作为论证自己观点的理论支撑,且在文中体现出运用了自己所选择的学术理论。论据要可靠、充分、前后一致。不能无论据地主观得出结论或不证自明。不能把教科书关于某一理论的介绍文字直接作为学术理论的论据;不能以经验总结、工作报告和随笔杂感替代学术论述;不能以文艺作品作为论据来证明或证伪真实社会中的传播现象。

第五,论文的核心学术概念要明确、严谨、有效,原则上只能来自学科内公认的学术论著对概念的阐释,不能将生活中的大白话充当学术概念。除了语文考证,不能将普通字典、词典、网络百科的解释作为学术研究的论据。

第六,选择的研究方法可以是实证研究,也可以是人文－哲学－历史的研究方

---

① 本小节内容主要引用《研究生教育学科专业简介及学位基本要求(试行版)》中由国务院学位委员会新闻传播学学科评议组编写的《新闻传播学一级学科简介和基本要求》相关内容,详见中国学位与研究生教育学会官网,https://www.acge.org.cn/encyclopediaFront/enterEncyclopediaIndex

法。要以可靠、有效作为标准,来选择适当的研究方法。

第七,除了少数涉及中国古代的选题,论文必须有适量的外文参考文献,且文中要体现确实参考了某些外文文献。

第八,引文和注释要符合学术写作要求的规定,引证全面,不断章取义和歪曲引用。

(二)质量要求

第一,选题或问题的提出,对本学科某一方面的发展有所启示;或通过科学论证而获得的新认识、新结论,对本学科某一方面发展有所启示;或所提供的分析角度、研究方法,对本学科某一方面发展有所启示。

第二,论文的论证部分能够成为论文的主体。只叙述问题或情况,提不出问题,没有核心观点,没有论证成分的文章(教材章节、领导报告、宣传文章、工作总结、新闻通讯等),不能视为合格的学位论文。

第三,论文的基本理论依据或前提可靠,实证研究方法的运用符合规范,研究的数据、论据客观、可靠、前后一致。

二、新闻与传播专业硕士学位论文基本要求

新闻与传播硕士专业学位论文作为本专业学位研究生培养工作的重要组成部分,旨在通过论文的撰写,培养该专业研究生综合运用新闻传播专业及相关专业的理论、知识、方法,训练独立调查、研究、撰述、制作以及设计的能力,培养研究生的创新精神和实践意识。

(一)选题要求

第一,选题应着眼于行业、专业范围的前沿、热点、难点、重点问题,应具有较强的理论与现实意义、应用价值,应满足创新性、科学性和可证伪性的原则。

第二,选题范围可涉及新闻实务、广播影视、网络新媒体、广告、传媒经营管理、文化产业、国际传播、新闻伦理与法规等领域,注重专业性。

第三,选题应体现问题意识,关注新闻传播实践中的重要问题、现象及发展趋向,从复杂的现象中发现"真问题"。选题立场正确,研究问题大小适中,忌空泛,且有可行性。

第四，选题应当进行查新，对相关研究、文献资料进行检索、梳理和综述，撰写开题报告，并进行专家论证。专家组原则上应当由学界和业界人士共同组成。

（二）学位论文形式和规范要求

第一，学位论文应在导师指导下，由硕士研究生本人独立完成。可选择专题研究、调研报告、案例分析、专业作品创作论文形式。

第二，严格遵守学术规范，做到选题与资料规范、引用与注释规范、成果呈现规范、学术批评规范、学术评价规范。学位论文文字正确、语言通顺、数据可靠、表述清晰、引述准确、格式严谨，参考文献列举恰当，图、表、公式、单位等符合规范要求，力避剽窃、抬高、贬低、曲解或淡化他人学术观点。

第三，学位论文的书写格式一般应依次包括下述几部分：中英文标题、中英文摘要及关键词、独立完成与诚信声明、目录、选题的依据与意义、相关研究的国内外文献综述、正文部分、结论、注释、参考文献、必要的附录（数学证明、原始数据、发表论文等）、作者致谢、论文原创性声明和授权使用说明。

第四，论文的核心概念界定要严谨、明确，引用的概念只能来自学科内公认的学术论著。不能把普通字典、词典的解释作为学术研究的论据。

第五，论文参考文献应与论文的内容相关，应当是真正对论文的写作起到支持作用的文献。原则上，这些文献要能在论文中得以体现。必须要有适量的外文参考文献（一般至少三分之一）。

第六，引文和注释要符合规定的写作要求，引证全面，不断章取义和歪曲引用。

（三）学位论文水平要求

第一，学位论文应当在充分掌握本选题相关研究成果及原始材料的基础上，有一定深度与价值的见解。论文要能有一定的创新性，或通过科学的论证而获得的新认识或新结论，或分析角度、研究方法能够对本专业有所启示。

第二，学位论文的基本理论依据或前提要可靠，必须以科学、公认的理论或真实、客观的事实为支撑。论据要充分、前后一致，不能无论据地主观得出结论或不证自明，不能把随笔杂感、经验总结、工作报告作为学术理论，不能把文艺作品作为论据来证明或证伪真实社会中的传播现象。

第三，学位论文的论证部分是论文的主体与核心，要科学、系统、合理、自洽。不能只叙述问题或情况而没有核心观点或论证；不能把教材章节、领导报告、宣传文章、工作总结、新闻通讯等作为论文核心主体内容。

第四，学位论文应能反映出作者对该研究领域的基础理论、专业知识、研究方法有较好的掌握，同时展示作者具备一定的研究能力与业务技能。

第三节　新闻传播学的学科内涵和学科范围

新闻传播学硕士学位论文是为了申请新闻传播学学术型硕士学位或新闻与传播专业硕士学位而撰写的以新闻传播学学科涵盖的研究对象为主要研究问题的论文。因此，探究、学习其研究、写作方法与规范，必须要对新闻传播学的学科内涵和学科范围有基本的认识。虽然跨学科研究、学科交叉是当代学术研究创新的重要方向之一，但"跨学科""学科交叉"的"跨"与"交叉"的前提是在特定学科"研究对象""研究问题"基础上的"跨"与"交叉"。2024年初，国务院学位委员会第八届学科评议组、全国专业学位研究生教学指导委员会编修了《研究生教育学科专业简介及学位基本要求（试行版）》，其中对新闻传播学学科内涵、学科范围进行了权威性的最新规定与解读。①

一、新闻传播学的学科内涵

新闻传播学是研究新闻活动、传播活动及其他各种传播现象的学科。19世纪末和20世纪初，新闻学分别在德国和美国的大学作为一门学科讲授。传播学作为一个学科，则首先出现于20世纪四五十年代的美国，后被世界各地普遍接受。我国新闻学科创建的起点是1918年10月北京大学新闻学研究会的成立，传播学则是在20世纪80年代开始兴起。1997年，我国新闻学和传播学组合成一个一级学科，称为"新闻传播学"。

新闻传播学的研究对象：本学科以人类社会新闻与信息传播活动为对象，从不同维度研究不同形态、类型的新闻和信息传播活动与人类社会的关系。在性质上，兼跨人文学科与社会科学。本学科以往的研究主要是围绕大众传媒的新闻传播活动展开

---

① 本小节内容主要引用《研究生教育学科专业简介及学位基本要求（试行版）》中由国务院学位委员会新闻传播学学科评议组编写的《新闻传播学一级学科简介和基本要求》相关内容，详见中国学位与研究生教育学会官网，https://www.acge.org.cn/encyclopediaFront/enterEncyclopediaIndex

的,近些年研究视野和范围大大扩展,网络传播、媒介文化、数字新闻、智能传播、信息和文化产业等各个方面,已成为本学科研究的重要内容。

新闻传播学的理论体系:本学科的理论大致可分为三部分:第一,作为人的存在的传播与交往,包括交往与人的本性,交往沟通与人的主体性,传播、交往与人的日常存在等;第二,作为关系的交往和传播,比如传播手段变迁与社会关系的呈现,传播和交往与政治及其关系,人们的生存空间与传播,传播与经济、贸易的关系等;第三,侧重于传播对于社会的功能,或者侧重于信息生产和传播过程,包括内容、手段、制作、生产机制、政策制度以及受众、效果等,或者视新闻传播为社会文化现象,着力于叙述结构、符号及其表达,揭示其意义价值、现实建构与权力关系。

新闻传播学的知识基础与研究方法:本学科的知识基础包含人文学科和社会科学两个部分。人文-历史-哲学的研究方法和社会科学研究方法兼容并包。

二、新闻传播学的学科范围

新闻传播学学科是一个开放性的学科,与政治学、考古学、中国史、世界史、社会学、法学、经济学、管理科学与工程、工商管理学、农林经济管理、公共管理学、信息资源管理、心理学等众多学科互有交叉。本学科主要包括以下七个二级学科:新闻学、传播学、舆论学、广播电视与融媒体、智能传播、国际传播、广告与传媒经济。

(一)新闻学

新闻学是以新闻传播现象和新闻传播的主要载体为研究对象的一门学科。该学科主要的研究方向包括但不限于:新闻观、新闻史、新闻理论、新闻实务、新闻伦理与法规等。新闻观着重建构新闻发展观念,特别是马克思主义新闻观研究。新闻史着重考察新闻传播活动产生、发展的历史过程及其演变规律。新闻理论着重阐发与新闻活动相关的概念、范畴和基本原理,解释新闻业的运作机理及其与社会各方面的交互关系,具有基础性和指导性。新闻实务着重研究从事新闻活动所必需的各种业务技能和操作方法。新闻伦理与法规研究着重探讨新闻活动相关的道德伦理原则、标准和评价,以及政策、法规、制度等规制内容及其适用范围。

新闻学聚焦新闻活动的文本、传播、媒介、观念、价值、制度、技术、伦理和法规等新闻实践的全要素、全过程,其核心关切在于:新闻传播作为一种以体系化的信息传播为取向的实践活动,如何通过影响人的个体发展以及人与社会关系的构建,促进人与社会的良性发展以及新闻传播体系自身的进化;如何通过新闻信息生产、分发、接收、反馈及相关技术、渠道和平台体系建设,促进国家、社会进步和人类文明发展。

(二)传播学

一般认为,传播学是以人类信息沟通现象为研究对象的跨学科研究领域。作为一个学科,传播学出现于20世纪四五十年代的美国,后被推广至世界各地,于20世纪80年代引进中国。传播学主要关注人类的信息交流行为,关注人的信息交流行为与社会之间的关系;关注传播媒介对于人类传播行为的影响;关注传播技术对于人的传播行为、社会建构的作用。

传播学主要包括但不限于以下研究方向:第一,传播理论研究,主要包括传播与人的交往、传播制度、传媒生产、受众、传播效果等;第二,媒介文化研究,主要包含媒介生产与政治经济权力、媒介文本的意义呈现、作为传播文化的传播技术、跨文化传播等;第三,传播史研究,包括媒介史、传播观念史、传播文化史和社会史等;第四,传播实务研究,主要包括传播实践领域实务操作、一线经验、运营管理等;诸如,涉及政治传播、组织传播、环境传播、战略传播、城市传播、健康传播、科学传播等领域的传播实务研究;第五,传播技术研究,主要关注传播技术对人类传播行为的影响,包括对传播实践、媒介生产、社会构建的影响等。

(三)舆论学

一般认为,舆论即公众的意见,是公众针对特定事件、议题和时势形成的公开表达的意见集合。舆论反映社会心理,影响公共决策,形塑社会历史发展的意见气候,参与政治和社会建构。舆论现象古已有之,大众传媒时代进一步增强了舆论的力量。伴随信息时代和网络社会的到来,舆论的形成、演进和影响机制变得更加复杂,成为事关社会发展、治国理政和国际秩序的重要因素。

舆论学是新闻学、传播学的重要分支领域,同时对哲学、政治学、社会学、心理学、管理学等多学科开放,是学科交叉的产物。舆论学的研究方向主要包括但不限于:第一,舆论学基本原理;第二,舆论实践,如舆论的主体、客体、内容、渠道等构成要素,舆论的发生与演进机制,舆论的效能与影响;第三,舆论史,如舆论发展史、舆论观念史或思想史、舆论制度史等;第四,舆论与治理的关系,如舆论自身的发展与治理问题,舆论与社会治理、国家治理和全球治理的关系。鉴于舆论在中国式现代化进程中的重要性、独特性和复杂性,应以马克思主义新闻观为指导,积极建构中国舆论学自主知识体系,培育舆论学学科、学术和话语体系。

(四)广播电视与融媒体

广播和电视是人类进入电子媒介时代的标志性产物,是数字时代的基础性传播符号载体,是智能融合传播时代的重要组成元素,也是中国式现代化进程中推动国家和社会进步的重要媒介力量。经过几十年的发展,广播电视研究已经形成独特的研究问题、范畴、概念、体系和理论,形成了涵盖广播电视历史、理论、实务等较为齐备的知识系统,成为新闻传播学的重要研究领域。随着数字技术和互联网的飞速发展,以音像传播为主要特征的广播电视与以文字图片传播为主要特征的报刊均朝着融媒体的方向发展,融媒体研究遂成为新闻传播学一个新兴的研究领域。

广播电视与融媒体研究领域主要分为两个研究方向:第一,广播电视研究,主要聚焦于媒体融合环境下广播电视和网络媒体的新发展、新路径、新趋势,在推动构建现代化全媒体传播过程中,着眼于现代广电公共服务、国际传播与产业发展,增强新闻舆论的传播力、引导力、影响力和公信力,以"未来电视"发展重要战略为引领,围绕体验沉浸化、应用全景化、功能智慧化与服务协同化等主要方面展开研究,为推动深化广电媒体融合发展,构建全媒体传播体系提供有效的智力支持和可靠的人才保障;第二,融媒体研究,服务国家媒体融合发展战略,扎根媒介研究、数字文化学、网络传播学等前沿理论领域,聚焦信息传播技术与社会科学、人文艺术的理论共建与实践范式,探寻广播、电视和报纸、新媒体的融合创新发展规律,以跨学科的方法推进新型融媒生态、产业模式、多屏平台、内容生产、受众形态与媒介素养等方面的科学研究,以培养面向未来、创新多元,能服务智能融媒体、跨媒介运营等领域研究与实务工作的高端学术型人才为任。

(五)智能传播

智能传播是指将人工智能技术应用在人类社会交往中的新型传播方式。作为传播学的一个分支,智能传播是新兴的、富有生命力的文理工交叉的学术研究领域。重点关注以人工智能为代表的新技术在人类传播过程中的应用及其社会、政治、法律和伦理诸方面的后果。较之于传统的传播学研究,智能传播研究在方法上拥有自身特色,倾向于采用大数据挖掘、机器学习、情感分析、社会网络分析等具有显著计算特征的智能数据分析方法,带有明显的跨学科色彩。

智能传播研究领域主要包括但不限于以下方向:第一,智能新闻业研究,主要关注智能技术对新闻传播实践的塑造,当前研究强调人工智能技术在新闻传播内容生产、分发、消费等环节的应用和影响;第二,智能商业传播研究,主要关注智能技术在广告、营销、公共关系等领域的应用及其效果;第三,人机传播研究,主要关注具有一定自主性和意向性的智能机器的传播特性及其与人类的互动、协同和共生;第四,智能传播的伦理与治理研究,主要关注智能传播活动产生的算法权力、风险、伦理、责任及治理等议题。

(六) 国际传播

国家传播是以政府、组织、个人之间的跨国信息交流沟通行为作为研究对象的传播学分支领域,尤以民族－国家格局内通过传媒超越国家界限的信息传播为研究重点。国际传播的研究发展缘起于现代通信技术驱动的跨国传播,以及美国社会科学家对战争宣传的关注,20世纪30年代成为一个跨学科的学术研究领域。改革开放特别是进入新时代以来,中国日益走近世界舞台中央,在全球传播中发挥越来越重要的作用,中国语境下的国际传播更多的指向世界讲好中国故事,构建人类命运共同体。

国际传播研究主要分为三个研究方向:第一,国际传播理论研究,主要通过比较传播学、现代化与发展传播学、批判理论,研究国际传播秩序的形成与变化,以及各传播主体的国际传播规则、模式、渠道等,反思国际传播中的权力关系;第二,国际传播能力、国际传播效能与国际传播关系研究,包括宣传与劝服技巧,国际信息流,传播技术对全球经济、外交政策和国家主权的影响等;第三,不同传播主体间的跨文化传播研究,关注不同文化主体如何在文化的多样性和交互性中实现对话与合作。

(七) 广告与传媒经济

广告是由可识别的出资人通过传媒进行的有关特定信息的传播活动。对该传播活动的研究形成了新闻传播学的一个研究领域。传媒经济是关于各类传媒的经济属性、传媒的产品形态、传媒生态和传媒产业运行规律的专门知识体系,形成了新闻传播学的另一个研究领域。从历史发展来看,传媒经济与广告活动有着密切联系,形成了相辅相成的孪生关系,故而在学理上两个研究领域多有交叉。两个研究领域共同的学科基础是新闻学、传播学、社会心理学、经济学和管理学。

广告与传媒经济的研究包括但不限于以下方向:第一,广告传播理论,研究广告的传播特性、功能、类别、程序,广告发展的历史与变化趋势等;第二,广告运作与管理,研究广告主、广告公司、媒介的广告运作与广告经营机制,以及社会对广告传播的管理与控制等;第三,品牌传播,研究围绕品牌建设而进行的广告策划与创意、设计与制作以及媒体运用的方式和方法等;第四,传媒经济理论,研究传媒经济的本质,传媒产品的性质与产制方式、传媒的消费结构、行为与绩效、媒体市场与政府规制等;第五,传媒经济实务,研究传媒组织的决策、战略及其他经营管理问题。

第四节　新闻传播学的学科气质

人文社会学科因为其研究对象、师承传统、研究方法等方面的不同,会生成各自学科(特别是二级学科)独特的学科气质。比如,民族学、人类学的民族志方法,史学的史料考证,汉语史及文字学的训诂传统等。当代人文社会学科虽然鼓励学科交叉、方法互鉴,以跨学科的思维实现学术创新,但不管是跨学科还是学术交叉,依然要将研究问题设定于特定学科领域。因此,学位论文应在体现本学科学科气质的基础上创新,这对于新闻传播学亦是如此。

根据最新发布的《研究生教育学科专业简介及学位基本要求(试行版)》[①],新闻传播学、新闻与传播是文学门类下的一级学科和专业学位类别。新闻传播学硕士学位分为学术型硕士和专业型硕士两类,其中专业型硕士研究生可以以研究报告、案例分析、实践作品申请硕士学位,也可以以学位论文申请硕士学位,学术型硕士研究生主要以学位论文申请硕士学位。

相较于文史哲学科,新闻传播学是一个相对"年轻"的一级学科。1997年,新闻传播学成为文学门类下独立的一级学科,在此之前,新闻学只是中国语言文学一级学科下的二级学科。新闻传播学是研究新闻传播活动、新闻媒体运作规律的学科。但是,新闻传播的内容无所不包而几乎没有边界。新闻媒体不仅传播新闻,影视娱乐、广告、教育等也是其重要传播内容。20世纪80年代以来传播学理论引入新闻学,人类传播的人内传播、人际传播、群体传播、组织传播、大众传播五种类型均可成为新闻传播的研究对象。新闻传播与广告传播、公关传播、营销传播共生共存。新世纪以来新媒体的加速迭代和媒介融合,使得原本专业化的新闻传播裂变成为社会化甚至是

---

① 《研究生教育学科专业简介及学位基本要求(试行版)》,中国学位与研究生教育学会官网,https://www.acge.org.cn/encyclopediaFront/enterEncyclopediaIndex

个人化的传播行为。上述情况使得新闻传播学成为"十字路口"上的学科,研究对象非常繁杂——新闻、广告、公关活动、企业文化、品牌营销、影视娱乐节目、文学生活[①]、网络文艺、网络文化(亚文化)等都成为了新闻传播学研究涉猎的对象。但是,这种"众声喧哗"的背后也折射出新闻传播学面临的学科危机——学科研究的主体对象新闻传播活动、新闻媒体正在被弱化,新闻传播学的学科气质越来越虚化,新闻传播学学术研究离"新闻"越来越远。究其原因,一方面是由于新媒体的出现与加速发展使"新闻""新闻媒体"的内涵发生了巨大变化;另一方面,是由于新闻传播学科理论产出严重不足、内卷化严重。

综上所述,作为一个研究对象庞杂、基础理论建构不够坚实、创建时间较短的学科,新闻传播学的学科气质不够鲜明,目前已经呈现出的特征可以初步概括为:新闻传播学是一个综合运用人文科学与社会科学主要研究方法,较多吸收并运用社会学、文学(主要是文化研究)相关理论,关注新闻传播业务实践与变迁、媒体组织运行规律、舆论与社会治理、媒介文化传播与影响,注重数字化媒介技术运作机理与网络社会发展变迁,强调运用马克思辩证唯物主义和历史唯物主义方法论的学科。

第五节 新闻传播学硕士论文主要类型

从论文选题方向分类,新闻传播学硕士学位论文主要可以分为理论研究类、史论研究类、业务研究类、文化研究类四种类型。

一、理论研究类

理论研究类硕士学位论文主要针对新闻传播学基础或前沿的理论命题展开阐释性或探索性的研究。一般地,可以针对新闻学、传播学重要概念、理论、命题、话语开展研究。理论研究类选题是人文社会学科硕士学位论文尤其是学术型硕士学位论文基本的、重要的选题方向,其选题的问题意识、创新性、前沿性直接标示着学科的学术水准、学术方向,对学科内其他研究领域也起到理论供给、研究支撑的作用,这一作用

[①] "文学生活",主要是指社会生活中的文学阅读、文学接受、文学消费等活动,也牵涉到文学生产、传播、读者群、阅读风尚,等等。见温儒敏:《"文学生活"概念与文学史写作》,《北京大学学报(哲学社会科学版)》,2013年第3期,第56—59页。

对于实践性色彩浓厚的新闻传播学尤为重要。但是,近年来新闻传播学硕士学位论文选题在新闻传播理论方向的数量却日趋减少,特别是新闻理论方向的选题更少。这一方面是由于新闻传播学自身理论产出不足、研究内卷化较为严重;另一方面,也与新闻传播学研究领域过度泛化,而新闻传播本体研究"边缘化"有关。当前,新闻传播理论研究类论文选题的前沿方向主要有:中国特色新闻学核心话语研究、基于智能传播的新媒体传播理论问题研究、新闻学理论与中华优秀传统文化融通性研究、中国新闻学自主知识体系话语与理论研究、新闻传播理论概念史研究、西方传播学理论本土化的反思批判研究等。

二、史论研究类

新闻传播史类学位论文主要研究历史上重要新闻媒体发展历程与新闻传播业务变迁、重要或具有特定历史价值的历史事件的舆论生成与嬗变、新发现史料中的媒体传播个案与其他类型社会传播现象、重要人物新闻舆论思想或论述、社会生活史视域下的文化传播案例等。史论结合、论从史出、重视史料是这类论文的基本特征与核心要求,通过爬梳史料得出今人之鉴是这类论文的重要目标。由于史料的有限性、稀缺性,近年来以研究历史上著名媒体、新闻人物、新闻事件为对象的学位论文已较为少见,更多论文从现有史料出发,以新方法、新角度、新命题开展研究。一是运用社会生活史、计量史、口述史等方法或大数据、词频分析等方法开展研究;二是史学方法论、史料学、史学史等新闻传播史学基础理论、方法论问题研究;三是从思想史、观念史、概念史角度切入的新闻传播史特定问题研究;四是文化研究视野下大众生活、大众文化的媒体记忆与社会记忆研究等。

三、业务研究类

分析新闻传播实践策略、总结新闻传播业务规律、解剖新闻传播经典案例与作品叙事技巧、回望新闻传播业务嬗变历史、探索新闻传播业务未来发展趋向,这是新闻传播业务类论文选题的主要方向。在实践中,由于新闻传播所"传播"的内容、融合的技术和实践的场域非常广泛,加之新世纪以来新闻传播在传播载体与传播技术上经历了从WEB1.0到4.0的加速度迭代变迁,基于移动互联网、大数据、人工智能的新媒体技术几乎重塑了新闻传播的媒体样貌和传播技术,这使得业务研究类学位论文选题呈现出以下特征：一是选题领域除了新闻舆论业务实践外，公共关系传播、营销传播（品牌传播）、公共外交传播、口语传播、人际传播、组织传播、文化传播、传媒经营与管理等领域的实践问题也成为论文选题的方向，这一方面拓展了论文的选题领域，另一方面也使学科研究对象"泛化"；二是"新媒体思维"成为学位论文选题、研究的基础性思维。移动互联网已经成为当代社会运行的基础设置，同样，基于移动互联网的新媒体技术所塑造的"新媒体思维"也已经成为新闻传播运行的基础性思维，新闻传播的媒介变迁、传播观念、组织运行、创新驱动、内容叙事等都必须基于"新媒体思维"才可能达效、有效，否则就可能是对牛弹琴、"不落地"的"对空言说"。因此，新闻传播学学位论文特别是业务研究类论文必须在选题和研究过程中以"新媒体思维"为基础。需要指出，作为"论文"的新闻传播业务研究必须具有一定的理论深度，而不能仅仅是对媒介产品、作品基本情况进行介绍和经验总结的"说明书"，也不能仅是个案解读的案例分析、调研报告，这是部分此类学位论文在评审答辩过程中遭遇低分甚至是"不合格"评价的常见原因之一，需要我们高度重视。

四、文化研究类

文化研究类论文主要是运用文化研究理论与方法针对当代社会中大众文化现象进行研究的论文。在新闻传播领域，主要涉及影视传播、网络传播、亚文化现象传播、流行文化传播、民族与民俗文化传播等。在传播学理论中，文化研究理论被纳入批判学派理论，亦因此，文化研究类选题成为新闻传播学学位论文的选题方向。此外，这类选题的研究对象——热播影视剧、综艺娱乐节目、社会流行现象、青年亚文化等，与青年学生日常生活紧密联系，他们多有亲身体验并对此具有浓厚兴趣。更为重要的是，文化研究理论以跨学科、批判性的视野建构了流派多样、观点多元的理论资源，为文化研究类论文理论论证提供了有力工具。因此，近年来新闻传播学学位论文选题"文化味"越来越重，网红、直播带货、社会流行语、网络综艺、身体消费、偶像崇拜、丧文化锦鲤文化、大女主电影、职场剧恐怖剧、夜听节目……诸如此类的研究选题大量出现在新闻传播学学位论文中。文化研究类学位论文研究应注意以下问题：一是要注意运用西方文化研究理论阐释中国大众文化现象的"适用性"，即本是基于西方生活实践的西方文化研究理论是否可以阐释生长在中国的所有文化现象，这已引起学界反思；二是要理解并重视文化研究的批判性、反思性，研究者不能因自己"身在研究对象之中"而沉溺于对研究对象的无限消费，使自己的研究成为"单向度"的描述而缺失批判反思;三是要重视研究方法的创新,文化研究类论文多主要采用文本分析法与文献研究法,在部分学者视域中,这两种方法是所有文科研究都必须采用的"方法",是不能称其为"研究方法"的"方法",虽然这种看法值得商榷,但亦应引起我们的重视。

第六节 硕士学位论文的研究写作过程与评审环节

硕士学位论文是研究生申请硕士学位最重要的学术成果,它基本上标示了研究生在硕士学习阶段的学术水平。硕士学位论文的研究写作过程也同时伴随着研究生培养单位对论文的评审环节,将二者结合起来可以分为选题、开题、初稿写作、预答辩、答辩前评审、答辩6个阶段。我国硕士研究生的学制一般为3年,其中第1年为课程学习阶段,第3学期末(也有高校第2学期末)完成论文开题;第4学期和第5学期是完整的论文研究写作阶段;第6学期开学初(每年3月中旬)进行论文预答辩;第6学期中期(每年5月上旬至中旬)进行论文答辩前评审,第6学期末(每年5月下旬至6月初)进行论文答辩。

一、选题

硕士研究生培养的前2个学期,核心任务就是课程学习与硕士学位论文选题,俗称"修学分"、找选题,而研究生专业课程学习与本科阶段课程学习最大的不同,就是专业课程学习的最终目标是为论文选题、开题做好准备。研究生学位论文选题的来源主要是导师指定题目、学生自选题目。前者属于"命题作文",多为导师主持的科研项目的子课题或导师推荐的具有研究价值的研究命题,其优点是一般不会出现选题失误,但有可能与学生的研究旨趣有一定的差异,学生自主研究的能动性弱化。后者是学生在导师指导下,根据自己的研究旨趣,经过文献阅读→学术兴趣点出现→文献检索与阅读→确定研究领域→明确问题意识→确定论文选题,这样一个自主探索过程,经历硕士论文选题从暗域、黎明到破土的过程(本书第四章将对此进行详述)。大多数经历过学位论文研究写作过程的"过来者"回望这一历程,会认为学位论文的第一个"痛点"就是选题过程,这是"黎明前的黑暗",只有确定了论文选题才算是度过了黎明前的暗夜。

二、开题

硕士学位论文开题是研究生培养非常重要的一个环节,完成开题意味着学位论文"大厦"初步完成了图纸的绘制与地基的奠基。在选题阶段,研究生在导师指导下确定了论文选题、明确了论文的问题意识,在开题前,研究生要撰写完整规范的开题报告。开题报告一般由选题的意义与价值、与选题相关的国内外研究成果综述(文献综述)、研究方法、拟研究的主要问题与论文章节安排(论文框架)、研究的重点和难点、国内外主要参考文献6个部分组成。开题一般以会议答辩的形式进行,研究生在详细汇报开题报告后,答辩评委会提出意见与建议并最终做出是否同意开题的评价。

一般情况下,学位论文的开题答辩要比最终论文答辩"火药味"更浓,而对于即将进入论文研究写作阶段的学生,"火药味"浓烈的开题答辩要远比"和平平淡"的开题答辩更有价值。因为,如果论文"大厦"的图纸与地基已经出现了严重问题,而"大厦"的建造者还茫然不知,"大厦"很可能会在建造过程中轰然倒下,即便不倒,建成的也是一座质量不合格的"危楼"。对于文科学位论文,开题报告的6个部分都非常重要,但重中之重是"拟研究的主要问题与论文章节安排(论文框架)",在确定了具有明确问题意识的论文选题后,研究者要通过扎实的文献调研与综述、运用合理的研究方法,将研究问题放置于具有阐释效力的理论框架内进行论证分析,论文框架就是论文"大厦"图纸中大楼的"四梁八柱"。一份顺利通过开题答辩的开题报告,一定是具有逻辑严密的论文章节框架的报告。反之,一份虽然提出了具有研究价值的论文选题,但未能列出论文框架的开题报告,答辩评委多会给予"仅有想法、尚无思路"的评价。

三、初稿写作

学位论文的初稿写作一般集中在研究生培养阶段的第4学期和第5学期,以定量研究、社会调查、民族志为主要研究方法的论文,研究者还要进行数据采集、调研等。一些以质化研究为主要研究方法的论文,研究者还要进行焦点小组访谈、专家访谈等。这一阶段应注意以下问题。

一是在研究写作过程中进一步优化论文框架。开题后,学生应根据专家意见对论文框架进行必要修改,在后续研究写作进程中,研究者要随着对研究问题认识的不断深化,进一步优化论文结构。

二是文献阅读伴随着初稿写作的整个过程。对于文科学位论文,文献检索与阅读具有双重作用。一方面,文献可以给研究者提供理论阐释与方法论资源,不断拓展研究思路、深化对研究问题的认识;另一方面,文献可以给论文写作者提供"话语资源",这对于初次进入长论文写作状态的"新手"尤为重要。学术论文的话语具有特定的表达方式和学科特色,充分阅读与研究问题紧密相关的文献,论文写作者可以从语感、语词方面体会掌握学术共同体的学术话语表达惯性并将其运用于论文写作。

三是要合理安排写作进程,突出重点、展示亮点,切忌虎头蛇尾、灌水充数。文学写作有"文似看山喜不平"之说,学术论文不是文学创作,但也有"虎头、猪肚、豹尾"的要求。"虎头"表示文章开头威猛精彩、"豹尾"表示文章结尾结论与展望表现有力、"猪肚"则表示文章中间内容丰富。这其中,"猪肚"最为重要,在论文写作中,一定要把重点放在主体部分——对研究问题的理论阐释、分析上,即论文的"论"上,而不是将重点放在文献综述和对研究对象的说明陈述上,这就需要论文写作者合理安排论文研究写作进程,紧密围绕论文题目,不跑题、不游离,在理论阐释和分析论证上下足功夫,将能够充分展示论文问题意识的部分作为亮点凸现出来。同时,切忌为了完成"字数任务"而运用"三碗豆腐,豆腐三碗"的方术灌水充数。

四、预答辩、答辩前评审和答辩

预答辩一般在每年3月中旬进行,是正式的答辩前进行的初步答辩,导师及专家会针对学位论文的研究内容、研究方法、文献综述等进行评审和指导,帮助学生更好地完善论文。与博士学位论文不同,硕士学位论文预答辩时提交的论文一般已经是"成品"(或最少完成论文计划的四分之三以上),应具备论文的基本要素——目录、摘要、关键词、主体部分、注释、参考文献等。除非出现重大差误或者论文本身具有严重质量问题,预答辩评委一般不会对论文提出颠覆性的、结构性的修改意见,而主要是针对论文的一些细节性、常识性问题提出修改建议。

答辩前评审是学位论文在完成预答辩及修改、经导师审阅同意定稿后,硕士学位授予单位(即学生所在高校)将论文送同行专家评审的程序,一般在每年5月上旬至中旬进行。近年来,"双盲评审"(评审专家、论文作者及导师互相均不知道对方是谁)成为硕士学位论文答辩前评审的主要方式,在返回给论文作者的评审意见中,专家会就论文修改完善提出意见。

答辩是学位授权单位(如高校)授权相关机构(一般是院级学位委员会)组成答辩

委员会(至少 3 名成员,其中导师不能为自己指导学生的答辩委员会成员),对论文进行评审并针对论文中相关问题与学生进行论辩。这一过程,答辩评委也会对论文存在的问题提出意见与建议。

  经过导师修改,根据预答辩、答辩前评审和答辩环节专家修改意见进行多轮修改,论文就可以最终定稿。

第二章 学术道德规范：
规范要求与实践问题

"做人"与"做事"的关系是要"先做人，再做事"，即如果一个人的德行品质有问题，那么即便这个人做的事情再好也不会被人们认可。同样，学位论文的研究写作，也必须遵守学术道德规范，如果出现违反规范要求的严重失范现象，论文就会被一票否决。

在当今数字传播、智能传播时代，互联网上的学术资源海量存在，还出现了可以通过人工智能进行"写作"的数字智能软件，它们在给科研工作者提供工具便利的同时，也给我们守住学术道德规范底线提出了新的挑战。硕士学位论文写作者中的绝大多数人在攻读硕士学位之前是"科研小白"，硕士培养既是科研能力的培养过程，也是学术道德规范规则认知与意识养成的过程，"硕士研究生"要恪守学术道德规范，系好人生学术研究的第一粒纽扣，让自己成为身正影直、名副其实的"硕士"。

第一节 人文社会学科学位论文学术道德规范的基本要求

道德与诚信的观念由来已久，中外对于学术道德与诚信建设的规范要求也有诸多见解，本书主要围绕人文社会学科学术道德规范，特别是研究生在硕士学位论文研究写作过程中的学术道德规范要求展开。

21世纪以来，国家教育部分别于2002年、2004年、2006年、2009年出台了《关于加强学术道德建设的若干意见》《高等学校哲学社会科学研究学术规范（试行）》《教育部关于树立社会主义荣辱观，进一步加强学术道德建设的意见》《教育部关于严肃处理高等学校学术不端行为的通知》等文件，其中都有关于论文学术道德规范的要求。2012年11月13日，教育部颁布《学位论文作假行为处理办法》；2016年6月16日，教育部颁布《高等学校预防与处理学术不端行为办法》。

《学位论文作假行为处理办法》（2012年11月13日中华人民共和国教育部令第

34号公布,自2013年1月1日起施行)第三条规定,"本办法所称学位论文作假行为包括下列情形:(一)购买、出售学位论文或者组织学位论文买卖的;(二)由他人代写、为他人代写学位论文或者组织学位论文代写的;(三)剽窃他人作品和学术成果的;(四)伪造数据的;(五)有其他严重学位论文造假行为的。"第四条规定,"学位申请人员应当恪守学术道德和学术规范,在指导教师指导下独立完成学位论文。"①

《高等学校预防与处理学术不端行为办法》(2016年6月16日中华人民共和国教育部令第40号公布,自2016年9月1日起施行)第二十七条规定,"经调查,确认被举报人在科学研究及相关活动中有下列行为之一的,应当认定为构成学术不端行为:(一)剽窃、抄袭、侵占他人学术成果;(二)篡改他人研究成果;(三)伪造科研数据、资料、文献、注释,或者捏造事实、编造虚假研究成果;(四)未参加研究或创作而在研究成果、学术论文上署名,未经他人许可而不当使用他人署名,虚构合作者共同署名,或者多人共同完成研究而在成果中未注明他人工作、贡献;(五)在申报课题、成果、奖励和职务评审评定、申请学位等过程中提供虚假学术信息;(六)买卖论文、由他人代写或者为他人代写论文;(七)其他根据高等学校或者有关学术组织、相关科研管理机构制定的规则,属于学术不端的行为。"②

2020年9月25日,在《国务院学位委员会教育部关于进一步严格规范学位与研究生教育质量管理的若干意见》(学位〔2020〕19号)文件中,国务院学位委员会、教育部再次强调"加强学位论文和学位授予管理""健全处置学术不端有效机制""严格执行《学位论文作假行为处理办法》《高等学校预防与处理学术不端行为办法》等规定。对学术不端行为,坚持'零容忍',一经发现坚决依法依规、从快从严进行彻查","将学位论文作假行为作为信用记录,纳入全国信用信息共享平台"。③

《学位论文作假行为处理办法》《高等学校预防与处理学术不端行为办法》及《国务院学位委员会教育部关于进一步严格规范学位与研究生教育质量管理的若干意见》,均以"负面清单"的形式对论文学术道德规范的基本要求做出了明确规定。许多高校、科研院所还以上述规章、文件为依据,制定了学位论文学术道德规范实施细则。

---

① 《学位论文作假行为处理办法》,中国政府网,https://www.gov.cn/zhengce/2012-11/13/content_5713384.htm

② 《高等学校预防与处理学术不端行为办法》,中国政府网,https://www.gov.cn/zhengce/2016-07/19/content_5713390.htm

③ 《国务院学位委员会教育部关于进一步严格规范学位与研究生教育质量管理的若干意见》,中国政府网,https://www.gov.cn/zhengce/zhengceku/2020-09/28/content_5548010.htm

总体来说,学位论文学术道德规范的基本要求有以下六点:一是严厉惩戒由他人代写、为他人代写学位论文,购买、出售学位论文的违纪、违法行为;二是严禁剽窃、抄袭、侵占他人学术成果;三是严禁伪造科研数据、资料、文献、注释,或者捏造事实、编造虚假研究成果;四是严禁未参加研究或创作而在研究成果、学术论文上署名,未经他人许可而不当使用他人署名,虚构合作者共同署名,或者多人共同完成研究而在成果中未注明他人工作、贡献;五是在科研实验、调查、调研等活动中遵守科研伦理和国家法律法规相关规定;六是严禁在申请学位等过程中提供虚假学术信息。

第二节　人文社会学科学位论文学术道德规范的几个实践问题

一、论文文献使用与标注的规范问题

论文在阐述和论证过程中要引用、参考、借鉴他人成果,在论文中涉及到引用他人成果的地方,通过注释明确标注刊载这个成果的文献信息,是学术论文道德规范的基本要求。反之,就是剽窃、抄袭他人学术成果。在实践中,文科学位论文文献使用与标注的规范问题主要有以下四个方面。

首先,"用"而不注。

这里的"用"之所以加上了引号,实际上就是抄袭、剽窃,即直接将已有研究成果中的部分或全部内容"用"于自己的论文而不标注文献来源。一般地,只要是引用他人成果原文内容超过20个字,或引用他人研究成果中提出的原创性、独创性概念、观点,都应该标注原初文献来源。在实践中,有人抄袭、剽窃外文文献,将其翻译成中文用于自己的论文;还有人通过不正当方式获得别人未公开发表的著述、未完成的著述、已完成但未参加学位答辩的论文、各类课题申报书等,抄袭其中部分内容。在剽窃者抄袭这些内容时,上述文献大多尚未收入国内主要文献数据库,在论文"查重"时可能会蒙混过关,但"纸里包不住火",随着时间的推移,此类论文终会被学术共同体识别。近些年来公开曝光的严重的学位论文剽窃事件,违纪违规行为多属于上述情形。

其次,不当转引。

准确性、直接性与完整性是引用参考文献的基本要求。然而一些论文中所标出

的参考文献,却并不是来自原始论著,作者本人也并没有亲自翻阅研读过全文,而只是在其他文献中发现别人曾经引用过这些文献,就直接当作自己论著中的参考文献转列出来。我们将这种没有获取引文完整内容,而从其他引用了该篇引文的中介文献中转录该引文内容的做法,称为转引或间接引用。之所以会产生转引现象,基本上有两种原因,一是作者缺乏严肃认真和实事求是的科学态度,相信自己所看到的他人所引用的资料里面包含的信息足够完整,即使转引,他人也发现不了,因而没有必要再去寻找原始文献。二是作者耍滑偷懒,不愿费力去核查原文。有人认为,对转引行为不应指责,因为著者毕竟对所引用的内容给予了关注和研究。但仔细分析一下就会发现这种辩解站不住脚,不管出于何种原因,转引行为都会带来许多不良后果。[①]应当指出,二手文献是文科学术研究中不可或缺的重要文献来源,但从论文文献引用的角度看,回归原始文献、阅读原始文献、引用原始文献,是一个具有严谨学术作风的研究者应有的基本素养。不仅如此,面对同一引用内容,我们在引用原始文献时还要注意不同版本、不同译本、不同注本的文本差异,对于经典著述,查找到这些可能存在的差异,还可能会获得远超出引用价值的新发现。

再次,标注不实。

注释、参考文献信息标注不实可分为著录要素不全、著录要素有误两类。著录要素是用以表示文献信息资源某一特征的一个单词、短语或一组字符,一般包括著者姓名、文献题名、译者姓名、出版机构名称、出版地、出版年份、具体引用页码等。学位论文授权单位会明确规定注释及参考文献的标注格式、著录要素。著录要素不全多是由写作者疏忽、校对不严造成,也有因为作者使用"转引"文献,而中介文献的注释中著录要素本身不全,作者又不愿查找原始文献造成。著录要素有误除了由打印错误或错别字造成外,主要原因要么是"转引"文献本身有误,引用者未能识别,要么是作者获得的文献资源来源是非数据库资源的一般网站,网站在刊载文献时文本自身有误,且没有注明原始文献来源,论文引用者"照葫芦画瓢"。需要指出,学位论文如果在引用经典文献、本学科高影响力学者文献时出现作者姓名、著述名称标注错误或错别字,会被视为较为严重的"疏忽"。

最后,过度他引。

有些论文引用参考文献多而不当,就像他人观点的拼接或转述,虽然避免了抄袭

---

① 苏广利,许新军:《社科论著参考文献引用中的七种不良行为》,《图书馆工作与研究》,2002年第2期,第16页。

剽窃的恶名,但也难逃巧取豪夺的骂名。由于学科的不同,写作体裁的不同,文献引用的多少也不同,这个限度不好用具体的数量来规定。但是,一篇完整的学术论文,最起码是自己在前人基础上的独立研究之作,而非利用他引堆砌拼凑的无创新观点之作。①

二、机器写作直接参与论文写作的规范问题

当前,人工智能正在被广泛应用于学术研究和各种文本的写作,在论文写作领域,可以分为机器间接参与写作与直接参与写作两种情况。机器间接参与写作,主要是在研究方法、数据采集与分析等方面借助人工智能软件,但机器不参与研究成果的写作。

学者张萍、张晓强认为,机器直接参与论文写作是指论文文字表达阐述的部分或全部内容由机器生成。这类论文分成两种情况:第一种不涉及学术不端但存在伦理争议,这类论文作者往往会在论文中声明机器的参与,文中有"由算法生成""由机器生成"这类的表述,表明使用了算法或机器生成论文的部分内容(图片、数据、计算模型等)。虽然不被认定为学术不端,但仍然存在数据、代码、软件引用、算法黑箱以及机器的贡献署名等出版伦理问题。第二种情况是指作者存在刻意隐瞒使用机器生成假论文的学术不端行为,涉及严重的学术不端问题。这时机器成为剽窃的工具,产生多种剽窃方式:一是对现有文献进行改写降重,自动生成重新措辞的内容,逃避剽窃检测;二是由机器利用现有文献形成语料库,根据输入的标题、关键词等参数直接生成论文;三是机器翻译并拼接来自其他语言的文献,生成相关论文。②

机器参与论文写作的规范及伦理问题,是一个因其生成技术及产生影响正在发展变化而存在争议的问题。

2023年9月1日,中国人大网公布《中华人民共和国学位法(草案)》(以下简称《草案》),向社会公众征求意见,《草案》明确,已经获得学位者在获得学位过程中存在学位论文或者实践成果抄袭、剽窃、伪造、数据造假、人工智能代写等学术不端行为

---

① 郭玲,陈燕:《参考文献著录中的学术道德缺失现象及其防范》,《编辑学报》,2007年第2期,第9页。
② 张萍,张晓强:《机器参与论文写作的出版伦理风险与防范对策》,《中国科技期刊研究》,2022年第4期,第440页——441页。

的,经学位评定委员会审议决定,由学位授予单位撤销学位证书。①

目前国内也有部分出版物对于ChatGPT等人工智能工具在科学论文中的应用给予了指导性意见。例如,《暨南学报(哲学社会科学版)》在其公众号上发表声明,明确说明:第一,暂不接受任何大型语言模型工具(如ChatGPT)单独或联合署名的文章;第二,在论文写作中使用过相关工具,需单独提出,并在文章中详细解释如何使用以及论证作者自身的创作性,如有隐瞒使用情况,将对文章直接退稿或撤稿处理;第三,对于引用人工智能写作工具的文章作为参考文献的,需请作者提供详细的引用论证。《天津师范大学学报(基础教育版)》也于公众号上发表声明,倡导合理使用新工具、新技术,并建议作者在参考文献、致谢等文字中对使用人工智能写作工具(如ChatGPT等)的情况予以说明。可见,目前国内外已发表声明的出版物中,对于ChatGPT署名几乎持否定意见;某些出版物并未禁止ChatGPT等人工智能工具的使用,但要求作者给予说明使用范围和使用程度。②

综合上述文献,对于机器写作直接参与学位论文写作的规范问题,我们可以形成以下认识:一是以人工智能代写论文,即机器直接写作论文,属于学术不端行为;二是机器间接参与论文写作,即在研究方法、数据采集与分析等方面借助人工智能软件,需在论文中单独提出,并在文章中详细解释如何使用以及论证作者自身的创作性,如有隐瞒使用情况,将会被视作学术不端行为;三是运用人工智能,对现有文献进行改写降重,自动生成重新措辞的内容或运用机器翻译并拼接来自其他语言的文献生成相关论文的行为,属于学术不端行为;四是论文引用人工智能写作工具的文章作为参考文献的,作者应提供详细的引用论证。

---

① 《学位法(草案)征求意见》,中国人大网,http://www.npc.gov.cn/flcaw/userIndex.html?lid=ff8081818a22132f018a49a81c4a5b74

② 罗云梅,刘雪梅:《ChatGPT对出版伦理的影响》,《医学与哲学》,2023年第12期,第27页。

第三章 问题意识:硕士学位论文的灵魂

问题意识是学位论文的灵魂。如果把一篇优秀的学位论文比作一条精美的宝石项链,"问题意识"便是这条项链上镶嵌的"宝石",它熠熠生辉、引人注目,"项链"因这颗独具魅力的"宝石"而价值连城,因这颗"宝石"的独特色泽、造型、做工而给人留下深刻印象。相反,一篇缺失问题意识的学位论文,即使作者在文献、方法、理论论证上下足了功夫,也只会是一篇平庸的"及格"级别的论文。因为,这样的论文只能显示作者在文献、方法、理论论证上的"苦劳",而无法彰显作者在学术创新上的"功劳"。一名接受过正规、完整、严格的学术训练的硕士,其最大的学术收获应该是学术研究的问题意识初步生成,具备了初步的学术嗅觉。

第一节 学位论文问题意识的内涵解读

"问题意识"是一个在研究生培养各环节中经常被强调的概念。在研究生课程学习中,授课教师会反复提醒学生,研究生阶段的课程学习与本科阶段的课程学习,最大的不同是要带着问题听课、阅读文献,通过课程学习一定要能够提出问题、提出有研究价值的问题,为学位论文选题做好储备;在学位论文开题中,老师常会提出的问题是"你的论文选题的问题意识、研究问题是什么?你的论文要解决什么问题?你要研究解决的问题前人做过哪些相关研究?"

在现有文献中,对"问题意识"的理解,多在学术研究特别是自然科学研究创新性的主要来源——提出"新问题""新假设"层面,最为经典的是波普尔和爱因斯坦的论述。英国哲学家、科学家波普尔在《科学发现的逻辑》中曾说过:"科学只能从问题开始。"爱因斯坦在《物理学的进化》中也曾讲过:"提出一个问题往往比解决一个问题更重要,因为解决问题也许仅是一个数学上或实验上的技术而已。而提出新的问题,新的可能性,从新角度去看旧的问题,却需要有创造性的想象力,而且标志着科学的真正进步。"

在人文社会学科领域,我国学者俞吾金认为,"从根本上看,创新行为是在问题意识的引导下发生的。我们甚至可以说,没有问题意识,也就没有真正意义上的创新行为","所谓'问题意识',就是人对自己周围的各种现象,尤其是在自己研究的领域里,不采取轻信的态度,而总是自觉地抱着一种怀疑的、思索的、弄清楚问题的积极态度。"[1] 学者姚亮认为,"问题意识就是在学术研究中确定所要探索或解决的问题是什么。学术研究中的问题不仅指向理论本身,也面向现实生活中的问题,还涉及解决问题的方式方法等。"[2] 学者劳凯声认为,"发现问题、界定问题、综合问题、解决问题、验证问题,这些环节构成了一个完整的问题意识。"[3] 学者方志远认为,"问题、意识、问题意识是三个相互关联又相互独立的概念。'问题'是人们在认知自然、认知社会、认知自我的过程中自然而然生成的,'问题意识'则是人们在认知自然、认知社会、认知自我过程中积极寻找问题并试图解释或者解决这些问题所产生的意图或动机。"[4]

我们认为,学位论文的问题意识是研究者确定论文研究问题及围绕这一问题架构论文框架展开充分论证的意识。

第二节 学位论文研究写作把握"问题意识"应注意的几个问题

上文中我们给出了对学位论文问题意识内涵的理解,在学位论文研究写作过程中,建构问题意识、在论文中体现问题意识是一个实践问题而绝非仅是一个存留于大脑中的想法与观念,是任何一个合格的学位论文研究写作者都必然要亲身实践的过程。那么,什么是学位论文问题意识中的"问题"? 为什么说"问题意识是学位论文的灵魂"? 学位论文的问题意识如何实现于论文研究写作? 回答上述问题,需要我们把握好以下三个问题。

---

[1] 俞吾金:《问题意识——创新的内在动力》,《浙江日报》,2007年6月18日第11版。
[2] 姚亮:《学术研究中的问题意识》,《学习时报》,2013年12月2日。
[3] 劳凯声:《人文社会科学研究的问题意识、学理意识和方法意识》,《北京师范大学学报(社会科学版)》,2009年第1期,第11页。
[4] 方志远:《学术研究的"问题意识"与"非问题意识"》,《中国社会科学评价》,2016年第2期,第83页。

一、学位论文问题意识中的"问题"与"意识"

学位论文的问题意识是研究者确定论文研究问题及围绕这一问题架构论文框架展开充分论证的意识。这一对学位论文问题意识内涵的理解,主要规定了两方面内容:确定论文研究的主要问题;建立围绕主要问题做论文的意识。

首先,确定论文研究的主要问题。

论文研究中的"问题"是指研究中需要解决而尚未解决,从而产生的对学术认知对象的一种不解或矛盾的认知状态,包括摆在我们面前需要建立理论进行论证和解答的论题,或者是需要提出行动方案寻求化解或消除的矛盾。[①] 一般地,新闻传播学学位论文研究问题的主要类型有:针对研究对象进行的具有一定研究价值的学术判断论证、学术假设验证;学术概念、学术话语、学科重要问题阐释、建构;实践问题理论分析、个案理论解读;基于史料收集整理的历史问题分析等。

在英文中,对应着中文的"问题"至少有三个词汇,分别是 problem、issue 和 question。problem 有不顺畅、不理想、出现麻烦的含义,issue 有值得"关注"(concern)的含义,它的问题程度比 problem 要轻一些,当我们谈到学术研究问题时,用 question 这个词汇比较合适。它反映出一个疑问,可以以疑问句的形式呈现出来,需要给出答案,或者更严格地说是呈现整个探究的过程。学术问题的确定,首先就是要提出学术上的一个疑问,然后研究者经过一个探究过程,给以学理上的回答。[②] 学位论文研究的问题还应是真问题而不是伪问题,是学术问题而不能仅是现实生活中的现象,是具体的问题而不能是一个研究领域,是可以在研究生修读年限规定时间内完成研究的问题而不能是过于宏大复杂的问题,是有一定的文献基础和研究条件的具有研究可行性的问题。

其次,建立围绕主要问题做论文的意识。

硕士学位论文的研究写作,从选题到定稿,期间文献检索、文献阅读、调研、数据处理、文本写作与修改等交织在一起,信息庞杂、事务繁多、大脑疲劳、头脑昏昏的情形常会出现,反映在论文写作中便是方向感迷失、偏题跑题。问题意识是学位论文的灵魂,如果在做论文时灵魂迷失,可以预见论文也就成为了迷魂阵,而我们一再强调

[①] 劳凯声:《教育研究的问题意识》,《教育研究》,2014年第8期,第4页。
[②] 阎凤桥:《博士生培养过程要注重养成问题意识》,《中国高教研究》,2020年第5期,第26页。

学位论文的问题意识，其"意识"就是在确定研究的主要问题后，主要围绕这一问题架构论文框架展开充分论证的意识，即我们要在论文研究写作的全过程中时刻重申、质询自己正在做的工作是否在随着论文的灵魂——问题意识展开，要在每一章、每一节文字的写作前、完成后质询自己：这些文字与论文研究的主要问题是什么关系？这些文字是在说明、论证、阐释、剖析论文研究的主要问题吗？每一章中各节、每一节中各部分内容，它们内部的逻辑关系以及每一章各节之间的逻辑关系、每一节各部分内容之间的逻辑关系分别是什么，它们能否自洽，这些逻辑关系是否在服务于对论文主要研究问题的阐释？论文的文献综述、研究方法、阐释理论是在各自"唱主角"，还是在作为"伴奏者"为解决论文研究的主要问题服务？

二、学位论文问题意识要经历由"问题"到"论题"的转化

学位论文的问题意识与论文题目是什么关系？为什么是问题意识而不是论文题目是学位论文的灵魂？

问题意识强调确定论文研究的主要问题、建立围绕主要问题做论文的意识，是从学位论文研究写作总体方法论层面对研究者提出的要求，是"总纲"。如果没有这一意识或偏离了这一意识，其论文研究写作的"行动"也就偏离了学位论文的主体目标和核心的学术评价指标，事倍功半甚至是前功尽弃。论文题目是对论文研究对象、研究问题、方法理论进行简明扼要描述的短语组合，学位论文选题就是一个对论文题目进行不断优化的过程。论文题目必须要体现问题意识中的基本部分——论文研究的主要问题，但确定论文题目开展论文研究写作后，很多学位论文会出现缺失或偏离"围绕主要问题做论文的意识"，最严重的结果是偏题跑题。因此，学位论文的问题意识与论文题目的关系是：论文题目是对问题意识中研究主要问题的标示；问题意识是指导论文题目所规定的论文研究问题得以研究的意识。

学位论文的问题意识要经历由"问题"到"论题"的转化，这要经历两个阶段。首先，确定论文研究的主要问题，形成一个"claim"。claim 在英文中的含义是声称、宣称、断言、引起注意等，体现在学位论文中，就是研究者要能够在经过充分思考后明确地用一句话（只能是一句话，而不能是多句话、一段话）来概括自己论文的研究对象和研究问题；其次，要用规范的、简约的学术概念、学术话语，将"claim"浓缩转化为论文题目。"claim"是一句话，且一般主要概括论文的研究对象和研究问题，学位论文还要考虑研究方法以及阐释分析研究对象的主要理论、角度，一般也要将其标示在论文

题目中。这样,论文的问题意识就实现了由"问题"到"论题"的转化。

三、问题意识要贯穿论文研究写作全过程,论文必须充分呈现问题意识

一位新闻学教授曾说,"记得有一次参加一所学校的硕士论文答辩,我发现十几篇论文写得都很扎实,但存在一个共同的问题,就是在目录中找不到关于研究核心问题的章节。如果深入到具体的行文,关于研究问题的提出或许还是能够找到蛛丝马迹,但常常不过一两百字,有时候可能就是陈述句后面加个问号,有时候甚至连问号都找不到。所谓的研究问题,常常被偷梁换柱为研究对象或者研究内容,而并非是对具体问题的讨论……"。[①]

我们要在论文研究写作的全过程中经常重申、质询自己正在做的工作是否在随着论文的灵魂——问题意识展开,而且,论文要充分呈现问题意识。既然问题意识是学位论文这串项链上镶嵌的"宝石","项链"因这颗独具魅力的"宝石"而价值连城,那么,我们就要在论文研究写作全过程中对它下足功夫。但遗憾的是,上文那位新闻学教授列举所说的现象在论文评审、答辩时是"常态"而绝非"个案",虽然很多类似论文也通过了论文评审答辩,但这样的论文肯定不会获得优秀的评价。

在学位论文写作全过程,要充分呈现问题意识,当然,前提是论文具有明确的研究问题。首先,论文的题目、关键词要明确标示出研究问题;其次,论文引言、研究意义与价值、文献综述要体现、说明论文的问题意识。论文引言是论文开篇的一段话,是开场白,字数不多却因"首因效应"而地位重要、作用特殊。在引言中,除了要简明说明研究源起,还应有"问号",即在开场白中提出问题,引起阅读者注意甚至吊起他们的胃口,与之同时,也就引出了论文的意义与价值,实现了"引言"的功能。文献综述简介并评价前人对论文研究主要问题的情况,进而得出本研究具有的价值意义、可行性。但一些学位论文的文献综述将重点放在了对论文运用的相关理论的发展历程的罗列上,而对论文研究主要问题的前人研究则语焉不详、一笔带过,既不能让读者相对全面地了解已有研究中对论文研究问题的研究成果,也不能通过文献论证自己论文的研究价值与意义,这其中有写作者未能把握文献综述写作要领的原因,也有写作者不清楚文献综述具有凸显论文问题意识之功能的原因。

---

① 朱春阳:《有效呈现问题意识》,《新闻大学》,2022年第7期,卷首语。

第四章　选题突破：硕士论文选题的暗域、黎明与破土

选题是硕士学位论文研究写作的起始阶段，选题完成的标志是论文开题报告通过开题评审，可以正式开始研究并进入学位论文初稿写作。大多数已获得学位的人都会认同，论文选题特别是确定研究对象和研究问题、明确论文问题意识阶段，是研究生学术生涯中颇受煎熬也是收获最多的一个阶段。因为，正如爱因斯坦所言，"提出一个问题往往比解决一个问题更重要"，选题是一个从无感、无向的暗域开始探究，逐渐迎接黎明并最终实现确定选题之破土的探索过程。

第一节　暗域：硕士学位论文选题的过程、要求与来源

学位论文选题是一个综合的、系统的学习与研究探索过程，我们需要充分认识论文选题的过程、要求与考虑要素，它们组成了论文选题的"暗域"，是孕育新的学术生长点的土壤。

一、硕士学位论文选题的基本过程

论文选题阶段，研究生要在导师指导下，经历认识学位论文、广泛研读文献了解学术前沿问题及业界动态、动用学术嗅觉发掘个人学术兴趣点、确定研究方向和研究领域、逐步确定研究对象和研究问题、明确论文问题意识、确定论文选题、撰写论文开题报告的完整过程。

首先，认识学位论文。研究生要掌握学位论文的基本特征、基本要求，知晓学术研究的基本规范。此外，研究生应完整阅读至少10篇本学科专业已授予硕士学位的有较高学术质量的学位论文，其中，尤其要认真阅读自己所在硕士点、自己导师指导的已毕业学生的学位论文。上述论文一般不可能是"经典"之作，但它们肯定是这个

专业已获得硕士学位的"合格"论文。知己知彼才能百战不殆,对学位论文研究写作规范和前人学位论文文本的学习,是我们对自己所在学术环境的检视与认知,是我们开展自己的学位论文研究写作的基础。

其次,广泛研读文献了解学术前沿问题及业界动态、动用学术嗅觉发掘个人学术兴趣点。论文选题是对特定理论或现实问题的研究,需要研究生以自己的"见识"发现、挖掘直至确认。首先,研究生要研读文献,重点阅读本学科近一两年来的高质量学术期刊目录,参加本学科学术会议或查阅本学科近年来学术会议海报,查阅本学科年度学术研究综述(研究前沿、研究热点综述)文章,同时,新闻传播学专业学生还应重点关注业界发展与传播技术、传播观念最新进展,新闻舆论与大众文化相关热点问题,以全面了解学术前沿问题及业界动态;其次,每个人因自己的文化背景、生活背景、教育背景、特长爱好、性格兴趣不同而学术旨趣迥异,即便是面对同一个研究问题,也会因上述不同而观点各异,一个"完美"的论文选题应该是兼具学术价值与现实意义,同时又与研究生个人学术旨趣同向同行,使学术研究"痛并快乐着"而非"痛并痛苦着"。如果一个根据自己研究旨趣确定的硕士学位论文选题,能够成为一名研究者开展更高层次后续研究的起点,其意义价值就更为增值了。

再次,确定研究方向和研究领域、逐步确定研究对象和研究问题、明确论文问题意识、确定论文选题。这个环节是论文选题的核心步骤,从根本上讲,这是一个"研究领域→研究对象→研究问题"的逐步递进过程,绝大多数被评价为"问题意识不明确"的学位论文走了"弯路""黑路""歧路",就是因为没有弄清楚、搞明白研究领域、研究对象、研究问题三者之间的区别与联系。

最后,撰写论文开题报告。在确定论文选题之后,选题"落地"的结果就是开题报告。对于文科学位论文,开题报告最重要的"干货"是初步拟定的论文写作提纲。写作提纲是对论文问题意识的呈现,题目再好,也只有落实在具体的论文章节论证、阐释中才能实现,否则依然是纸上谈兵。因此,常有学者讲,学位论文开题实质上就是两个问题:一个是提出有问题意识的论文题目;一个是列出论文提纲。当然,文献综述、研究方法、参考文献也是论文开题评价的重要内容,但重中之重依然是论题与提纲。

二、硕士学位论文选题的基本要求

我们在第一章讲道,新闻传播学硕士学位论文基本特征有四:一是理论性,即论对象、研究问题的文献极少,我们就需要做出如下追问:文献极少的原因是什么?是因为这是一个新现象、新命题吗?是因为这个研究问题研究价值较低而使得前人较少研究吗?在极少文献的状态下我可以进行较为深入的理论分析吗?如果可以,我以何种视角、运用什么理论来建构自己的分析框架?关于这个选题研究对象、研究问题的文献极少,间接与之相关的文献有哪些?这些间接相关的文献对我的研究有参考价值吗?一般情况下,我们不鼓励学生选择可参考文献资源极少的论文选题。当然,如果论文题目具有很强的创新性,同学们也要走出文献的束缚,大胆探索。

最后,案例文本。

新闻传播学硕士学位论文的"案例文本"主要有两类:一是新闻传播史研究对象的"史料";二是研究对象的作品案例文本,如关于某个事件的新闻报道文本、某部或者某类影视节目文本等。对于前者,新闻传播史研究对象的"史料",是这类论文的研究基础。因为,史论结合、论从史出、重视史料是新闻传播史类论文的基本特征与核心要求,通过爬梳史料得出今人之鉴是这类论文的重要目标。这里我们主要谈后者——研究对象的作品案例文本。很多新闻传播学硕士学位论文都会涉及案例分析,且这些案例又多数是新近刊发播出甚至是正在传播的,这是由新闻传播学与实践紧密结合的学科特征所决定的。新闻传播学硕士学位论文选题时对案例文本的考量应注意以下两个问题。

一是分清案例与事例、举例的区别。我们在此讲的案例是指能够代表研究对象的论文中选定的研究个案,而不是论文论证中列举的一般事例。例如,学位论文《新世纪以来中国军事题材电视剧青春偶像化研究》以新世纪以来中国军事题材电视剧中呈现出青春偶像化特质的4部电视剧《麻辣女兵》《我是特种兵》《我是特种兵之利刃出鞘》《我是特种兵之火凤凰》为研究个案进行了解读。在论文中,除了简介新世纪以来中国军事题材电视剧概况外,主体部分分析"军事题材电视剧青春偶像化"的案例均是这4部电视剧,亦即整篇论文是以这4部电视剧的文本为主体案例进行论证的。作一假设,如果这篇论文没有主体案例,而是随论随举,论文的说服力就会大为降低,论文也会显得碎片化而没有章法。

二是选题中的分析案例要有足够量的文本。硕士学位论文论题原则上是中观层面的问题。一般地,本科学位论文的研究对象可以是某个单一的新闻作品、影视节目,而硕士学位论文的研究对象最好是"一类"而不是"一个",如果是"一个"也应该以"小题大作"的思路深入研究"一个"中的特定问题。例如,以历史的角度,通过时间维度对文本内容某一主题嬗变的研究,如《新时期以来〈人民画报〉中教师形象嬗变研究

(1978—2018)》《当代儿童社教类电视节目主持人形象变迁研究——以〈七巧板〉〈大风车〉为例》。我们强调,选题中的分析案例要有足够量的文本,是要求与研究问题相对应的研究对象的文本应该足以承载硕士学位论文"中观"层面研究问题所应分析、剖析的文本量。例如,有学生对网络平台播出的某部纪录片很感兴趣,打算研究这部纪录片的"家庭伦理叙事"问题,选题的问题意识较为明确,但这部纪录片只有上下两集,时长总共50分钟,开题时专家一致认为,研究对象的文本量太少,不仅降低了研究价值,而且难以承载硕士学位论文"体量"之需。

第二节 黎明:硕士学位论文选题的主要来源

论文选题意向是一个从无感、无向的暗域开始探究的过程。论文题目是对特定领域有待解决的理论问题和现实问题的反映,体现鲜明的时代特征、问题导向和创新意识。从根本上讲,学术研究的任何问题都来源于实践、来源于现实。新闻传播学硕士学位论文选题蕴藏于新闻传播实践、新闻传播学学科与学术话语建设过程、人类信息交流分享与信息传播技术迭代演进以及中国大地上人民群众的文化实践之中,需要我们脚踏大地、仰望星空,在学习前人理论成果的同时,关注学术前沿、关注新闻实践,以科学严谨的学术精神、心系祖国和人民的胸怀,提出问题、研究问题、解决问题。

一、从新闻传播实践和人民群众文化实践中发现选题

以移动互联网为技术基础的智能数字媒体技术已经成为当代社会运行的基础设施。移动化、社交化、智能化、视频化已经成为新闻传播的基本特点,也是当代社会文化传播实践的基本特点。平面媒体、电子媒体(广播电视等)的衰落及向移动互联网的转型正在加速前进。因此,新闻传播学术研究只要涉及业界实践,除了新闻传播史研究,必须要以智能数字媒体技术及其影响的传播观念为基础,并从中发现选题。

二、从新闻传播文献资料中发现选题

文献资料对文科研究生学位论文选题及研究写作有特殊重要的作用,即便是实践业务研究类选题、案例分析类选题,也需要通过文献获取关于研究对象历史与现实

状况描述、相关阐释理论的资料。文献资料主要包括学术专著、教材、学术论文、史料、特定研究对象文本等,对于硕士研究生论文选题,最重要的是学术论文,其主要来源是以中国知网为代表的论文数据库。以选题为目的,研究生进行文献检索与阅读应注意以下问题。

一是要做到"泛读"与"精读"的统一。要泛读近年来新闻传播学主要学术期刊的篇目,从中发现与自己兴趣点相关的题目,从中找到"关键词",进而,通过关键词检索出相关论文进行精读。在精读中,要对核心期刊论文、高校学报刊载的论文、相关领域年度研究综述论文、相关理论(论题)研究综述论文、知名学者的论文下更大的工夫。

二是做到"进入"与"出来"的统一。"进入"就是选题阶段在文献检索与阅读上要"广为撒网",在浏览中思考、在思考中捕捉、在捕捉中逐步"定向";"出来"就是要"重点捕捞",选题阶段文献阅读的核心目标是提出新问题、确定问题意识,要"捞到大鱼"。

三是要做到阅读期刊论文与学位论文的统一。选题时经常会出现这样的情况,研究生发现通过期刊论文文献检索阅读后"捞到的大鱼"——论文意向性选题别人已经做过了,自己实在没有什么新的角度、新的材料、新的论点,只能放弃。我们要明白,此种情况是论文选题的常态而非孤例,这正说明了文献对论文研究的重要性,而走出这一困境的出路就是要做到阅读期刊论文与学位论文的统一。

四是要做到阅读本专业文献与其他专业文献、中文文献与外文文献的统一。新闻传播学本身就是一个在"十字路口"上的学科,而学科交叉本身也是学术创新的路径之一,新闻传播学与社会学、文学、法学、人类学、民族学、历史学、管理学、艺术学的学术交汇点较多,特别是对于本科专业为非新闻传播学类专业的研究生,如果能够交汇本硕不同专业理论知识,很有可能会发掘出有价值的论文选题。此外,检索阅读外文文献,通过了解国外新闻传播学前沿研究情况,也是学位论文选题的有效方法,但要注意不能机械地照搬照抄。

三、从参与了解新闻传播学术活动中发现选题

学术活动主要包括学术会议和课题申报。在条件允许的情况下,研究生应积极参与学术会议、旁听学术会议。高质量的学术会议总是会展示学科研究前沿的热点问题,学术会议中专家学者的现场发言会给我们提供很有价值的学术信息,即便没有

条件参会,通过网站、公众号等媒介阅读学术会议学术报告的题目,也可以帮助我们获取前沿信息。国家社会科学基金项目、教育部人文社会科学基金项目是新闻传播学课题申报最重要的两个项目来源,其中,国家社科基金项目每年会发布"新闻学与传播学课题申报指南",这两个项目每年都会发布立项公告。国家社科基金项目和教育部人文社会科学基金项目每年立项的课题,是最为集中的对学科研究前沿问题、热点问题的展示,研究分析立项题目,会刺激我们的学术嗅觉,帮助我们发现、明确问题意识。

四、从课程学习讨论、与导师交流中发现选题

研究生的课程学习以课堂讨论与授课教师讲授为主要方式,与本科课程相比一般具有专题性、研究性特点,关注学术前沿、引领学生走进前沿是研究生专业课程的重要目标之一。在课程学习中,授课教师一般会在指导学生梳理某一专题理论谱系后就前沿问题、当下学科研究热点问题引导学生展开讨论,学术讨论思想碰撞的火花有可能会帮助我们生成选题意向。导师在研究生学位论文选题过程中发挥着非常重要的启发、引导、纠偏、定向作用,决定研究生学位论文选题质量的因素一半是学生,另一半是导师。当然,学生是内因、导师是外因,起决定作用的是学生,但导师的能力、学识、职业操守也会体现于学生的论文选题及最终的论文文本中。因此,学位论文选题过程是研究生与导师互动、切磋的过程,导师授学生以"渔",学生要发挥主观能动性,"驾船"携"网"驶进特定学术领域的星辰大海去探索未知,导师就是学生航向的定向盘,会传授给学生如何避免迷失方向步入歧途的方法,当看到学生方向走偏,导师会及时发出提醒引导学生回归目标航道。

第三节　破土:硕士学位论文选题的"研究领域"与"研究问题"

前面我们分析了学位论文选题的过程、要求与考虑要素、来源,它们组成了论文选题的"暗域""黎明",也就是说,我们要知晓学位论文选题的过程与要求、可利用的资源、路径方法,而选题确定之前的"破土",在"确定研究方向和研究领域、逐步确定研究对象和研究问题、明确论文问题意识、确定论文选题"阶段,这一阶段,"确定论文

选题"是结果,"确定研究方向和研究领域、逐步确定研究对象和研究问题、明确论文问题意识"是取得这一结果的必经路径。

一、研究领域、研究对象、研究问题

论文选题过程的核心步骤是"确定研究方向和研究领域、逐步确定研究对象和研究问题、明确论文问题意识、确定论文选题"。从根本上讲,这是一个"研究领域→研究对象→研究问题"的逐步递进过程。

例如,某研究生一直对"新闻真实性"这一理论问题感兴趣,他阅读了关于新闻真实性研究的一些经典文献和研究论文,在这其中,他对"网络舆论对新闻真实性的影响""反转新闻对真实性的影响""人工智能、数字传播对新闻真实性影响""算法推荐与新闻真实性""后真相与新闻真实性"等议题更为关注,并深入阅读了上述议题的论文和实践案例,进而,他初步拟定学位论文选题"数字智能传播时代新闻真实性问题研究",论文主要研究数字智能传播技术进入新闻传播领域对新闻真实性的消解。请教导师和其他专家后,获得的意见是:选题没有明确的研究问题。经过后续文献阅读与思考,最终确定论文选题为《被操纵的"惯常":算法推荐对新闻真实性消解的理论批判研究》。在这一选题过程中,"新闻真实性""数字智能传播时代新闻真实性研究"是研究领域;"算法推荐对新闻真实性的消解"是研究对象;"被操纵的'惯常'"是针对研究对象"算法推荐对新闻真实性的消解"的研究问题,"理论批判"是研究的主要路径。

可以看到,硕士论文选题一般不会一下子就进入确定的论文题目,研究者总是先进入一个研究领域,进而在这个研究领域寻找到特定的研究对象,在对这个特定研究对象进行观察探索后发现其存在的未被认识、剖析、阐释的问题,这个问题就是学术研究在这个领域的一个"缺口",这个问题就成为论文选题的研究问题,是论文问题意识的体现。绝大多数被评价为"问题意识不明确"的学位论文走了"弯路""黑路""歧路",就是因为没有弄清楚、搞明白研究领域、研究对象、研究问题三者之间的区别与联系,将研究领域、研究对象作为论文题目,缺失了研究问题,而没有研究问题的论文选题不可能做出有价值的学位论文。

我们看下面5个论文题目:
①《数字智能传播时代新闻真实性研究》
②《算法推荐对时政新闻真实性的影响与媒体应对策略研究》

③《被操纵的"惯常":算法推荐对新闻真实性消解的理论批判研究》
④《人工智能对新闻真实性的影响研究》
⑤《挑战与重构:人工智能对新闻真实性的影响研究》

论题①只有研究领域而没有研究问题;论题②—⑤有研究问题,但问题意识的价值性、创新性程度不一。

为什么《数字智能传播时代新闻真实性研究》只有研究领域而没有研究问题?我们要反问:这个论题是要研究"数字智能传播时代新闻真实性"的什么问题?是"数字智能传播时代"相较"以前其他时代"真实性的变化?是数字智能传播技术对新闻新闻真实性的影响?是数字智能传播时代舆论新形态对新闻真实性的解构?……我们还会提出一连串的问题。回答者可能会说:"你问的这些问题,我在论文中都会研究、都会做出回应。"但是,硕士学位论文的容量能够容得下这么多问题?即便容得下,这样的论文会不会成为对现象的罗列式描述而不是对特定问题的论证?

可以看出,研究领域是针对某一特定领域内研究对象的集合,一个研究领域包含了若干研究对象,"数字智能传播时代新闻真实性研究"这一研究领域就至少但不限于包含了以下研究对象或研究问题:真实性嬗变形态研究、真实性决定要素研究、真实性产生影响研究、防范新闻失实策略研究等。

论题②—⑤有研究问题,但问题意识的价值性、创新性程度不一。

《算法推荐对时政新闻真实性的影响与媒体应对策略研究》的研究问题是"影响与媒体应对策略",研究对象为"算法推荐与时政新闻",问题意识不太明显。

《被操纵的"惯常":算法推荐对新闻真实性消解的理论批判研究》,"算法推荐对新闻真实性的消解"是研究对象;"被操纵的'惯常'"是研究问题;"理论批判"是研究的主要路径。在研究写作中,"理论批判"是一个难点,也是亮点之一,如果要降低难度,题目可简化为《被操纵的"惯常":算法推荐对新闻真实性消解研究》。

《人工智能对新闻真实性的影响研究》《挑战与重构:人工智能对新闻真实性的影响研究》,这两个论题的研究问题都是"影响",但《挑战与重构:人工智能对新闻真实性的影响研究》明确地标示要研究的影响是"挑战与重构"。这两个题目适合作博士学位论文选题,但是作硕士学位论文题目还需要再缩小研究对象。

总之,"研究问题"是一个可以被论证、剖析、解读的"概念"或命题,而研究领域是针对某一特定领域内研究对象的集合,一个研究领域包含了若干研究对象。文科论文最高明、最富价值的研究问题要么是研究者提出了完全原创的概念、理论命题,要么是"于无声处听惊雷",研究者从社会现象、史料、文献中经过个人思考提出新概念、新理念并对其进行能够自圆其说的、令人信服的论证剖析。

二、确定论文"研究问题"应注意的几个问题

首先,真问题与伪问题。

在确定论文选题时,我们还需要通过事实逻辑判断和价值判断确定问题的真伪。如果研究对象和研究问题属于"伪问题",即便选题的问题意识很强,也必须放弃。与自然科学相比,人文社会科学领域对于问题真伪、命题真伪的判断要更为复杂,这里我们主要分析人文社会科学问题真伪的判断。真问题是指有具体明确的研究对象和现实事实基础(对未来可能发生情况的预测也应是建立在现实事实基础上的推断),研究者能够通过概念、判断、推理回答的且价值观符合社会政治与伦理道德价值判断的问题,反之,则是伪问题。

第一,文科特别是社会科学的研究问题应该是有现实事实基础(对未来可能发生情况的预测也应是建立在现实事实基础上的推断)的问题。新闻传播学既有社会科学的属性也有人文科学的属性,在其研究新闻传播业务问题、社会信息系统运行现实问题时,偏向于社会科学。我们提倡在现实生活、实践一线调查体验,或通过对"现实的人"的访问观察来发现研究问题,而反对仅是坐在屋子里通过"想象"来"想"出问题,这尤其体现在对新闻传播实践性问题的研究中。一般有两种情况:一是论题本身是错误命题或没有现实基础的命题,如:《想象力对建构网络时代新闻真实的重要作用与影响》;二是以偏概全,论题观点具有明显的片面性。如《画面信息力:纪录片传播力的核心要素研究》,其研究问题认为是影像画面"形式"而非"内容"决定纪录片的传播力;三是论题本身不是伪命题,但研究者的核心论点基本上是纸上谈兵,没有现实基础。例如,有学生提出"欠发达地区县级融媒体建设的突破点"的论文选题,他提出的"突破点"是要引进几十位资深专家、投入高额资金建设传播硬件、打造多个APP、建设现象级地区网络购物平台……总之,以建设国家级媒体那样来建设一个欠发达地区的县级融媒体中心。还有学生从未参与过公众号制作、发布工作,连制作公众号的常用软件工具都不知道,就提出了研究"某公众号影响力提升策略"的课题,这些策略几乎没有现实基础和可行性。

第二,研究论题价值观应符合社会政治与伦理道德价值基本判断。"社会科学研究的目的就不应该是追求那种现实生活中一般并不存在的假设的东西,而应揭示貌

似自然的事实背后的价值关系、价值选择和价值冲突。"[①]研究对象、研究问题隐含特定价值观,这是自然科学与人文社会科学研究对象的显著区别之一。文科论文选题所彰显的价值观必须符合社会政治与伦理道德价值基本判断。

其次,大问题与小问题。

学位论文的"大问题"与"小问题"有两层含义:研究价值的大小和研究对象的大小。

论题研究价值是由其学术创新度、对重大社会现实问题的关注度、对学科建设的贡献度共同决定的。一篇论文,即便篇幅不长、研究对象很小,但提出了新观点、新命题,或关注了社会重大现实问题,或其研究补上了学科建设的某个"缺口"甚至开启了学科研究的新方向,这样的论文选题就是"大问题";反之,一篇论文,即便体例完备、旁征博引、方法创新,但费了半天劲仅是在论证一个没有创新价值、没有学术增量也没有任何现实关怀的问题,这样的论文选题就是"小问题",或者说是"为了论文而论文"的问题。我们鼓励研究生要关注大问题、上大舞台,让自己的学位论文不仅是获取学位的凭证,也是自己在学术研究中的一次精彩亮相。

研究对象的大小会直接决定论文的深度。这里我们强调三点:一是鼓励硕士学位论文选题"小题大作",即从一个相对比较小的题目入手作深入研究——打深井。"小"是指研究对象范围不能过大、角度不宜过多,"大"是指能够提出有价值的研究问题并针对这个研究问题展开深入阐释。二是原则上一篇论文主要解决一个问题而不解决多个问题。例如,数字智能传播时代影响新闻真实性的要素有很多,而算法推荐只是其中之一。一篇博士论文可以对所有要素进行研究,而硕士学位论文只从"算法推荐"入手进行研究就可以了。如果硕士学位论文以《人工智能对新闻真实性的影响研究》为题,要么会片面分析,要么会面面俱到、蜻蜓点水,没有深度。三是要慎重选择"XX研究——以YY为例"L类型的论文题目。这类题目在新闻传播学硕士学位论文中较为常见,研究生试图要研究一个问题,但主要选择某一个或者某几个文本作为个案。这类论文主要通过对个案的深入解读和比较分析,力图能够反映出某一类现象的一般状况,将对特定个案的研究结果推广到某一类现象身上。因此,"以YY为例"中的"YY"必须要具有代表性而不能随意选择,而且,在论文中要详细说明选择个案的理由,否则,论文就会有被否定的风险。

---

① 劳凯声:《人文社会科学研究的问题意识、学理意识和方法意识》,《北京师范大学学报(社会科学版)》,2009年第1期,第9页。

再次,现象与研究问题。

人文社会学科的论文选题来源于对社会现实问题的关照,而社会现象是社会现实问题的表征。那么,是不是所有社会现实实践、生活中的现象都可以成为论文选题?我们认为,关注社会现实生活现象并通过观察、体验、调查发现研究问题是新闻传播学硕士论文最重要的选题路径,但是社会现实生活现象能够转化为论文研究问题应具备以下条件:一是只有进入社会公共生活具有公共性的而非个别的现象才能成为论文选题。一个现象具有"公共性"就意味着它对社会公共利益、公共价值观产生影响并获得社会关注,因而也才具有研究价值,而如果一个"现象"仅存在于个体私域或是社会个别情况,没有与社会公共生活、公共实践发生联系,一般就不具有研究价值;二是社会现象或与之密切相关的其他现象正在或已经进入学术共同体的研究视野。我们捕捉到一个可能成为论文研究对象的社会现象,就需要针对它开展文献检索,如果学界对这一现象或与之密切相关的其他现象的研究处于空白状态,则意味着这一现象要么还正处于成长初期,要么不具有学术研究价值,选择其成为硕士论文选题就要格外慎重。

第五章 文献运用：硕士论文的文献调研与文献综述

文献是一个研究领域的知识地图，文献综述反映了研究的逻辑起点，也反映了研究者的学术素养和学术规范自觉。通过文献调研获得高质量文献，掌握文献综述的写作要领，围绕论文研究问题撰写能够凸显问题意识、体现研究价值的文献综述，是硕士学位论文研究写作能力培养与训练的重要方面。

第一节 认识文献调研与文献综述

一、文献调研

文献调研是学术研究中研究者针对特定问题开展的文献检索、评估与运用过程。文献调研贯穿学位论文研究写作全过程。在论文选题阶段，文献是我们了解研究领域特定问题研究情况，确定研究对象、问题意识，获取理论阐释资源的重要途径；在论文开题阶段，文献综述是开题报告的重要组成部分；在论文写作阶段，合理运用、引证文献是论文论证、阐释的重要方式。同时，在开题报告文献综述基础上经过修改、进一步充实完善的论文文献综述是论文的重要组成部分，是论文质量评价的重要要素。

新闻传播学学位论文的文献主要有专著、教材、期刊论文、学位论文、年鉴、媒体案例文本（媒体数据库文本）、史料文本等，其中最为重要的是论文（期刊论文、学位论文）和专著。第四章我们在谈"从新闻传播文献资料中发现选题"已就文献调研与阅读进行了分析，不再赘述。针对新闻传播学学位论文研究的特点，为了提高文献调研、文献评估的工作效率，我们应注意以下几个问题。

首先，要有经典文献的意识。所谓经典文献，就是某个理论、某个流派或关于某个对象研究的标志性成果。我们对某个理论、某个流派或关于某个对象开展研究，如果不知道这些标志性成果也未运用这些文献,会被判定为具有"严重缺陷"。一般地,某个理论、某个流派的标志性成果较好识别,但关于某个对象的研究的标志性成果、权威研究则需要我们通过文献调研去发现。

其次,选取文献的判断标准问题。一般情况下,只要论文选题没有大的偏误,学位论文的文献应该较为丰富,最终能够引用的文献可能是"十里挑一",这就牵涉到选取文献的判断标准问题。有学者提出了三条判断的标准:根据文献的相似性来选择;根据发表的时间来选择;根据研究者在该领域中的学术影响以及是不是权威来选择。① 我们再加上一条:根据文献的出版期刊或出版单位的权威性来选择。文献资料的年代信息十分重要,我们最好从最新发表的文献开始着手,然后按时间逆序来进行查找工作。这种选择近期研究的原则来源于科学的累积性质,通常情况下,在其他方面相差不多时,时间越近的相关研究应该更加具有价值和学术典型性。② 当然,这种情况在自然科学中较为常见,但在文史哲等人文学科中并非全部如此,我们要具体问题具体分析。

再次,要有从经典文献、重要论文的参考文献、注释中发现有效文献的意识。论文研究写作过程中引用的文献,虽未引用但给研究者重要启发的文献就是有效文献。文科研究中,有效文献的获取更多是通过从经典文献、重要论文的参考文献、注释中发现的。我们在阅读经典文献、重要论文时,要详尽阅读这些文献的参考文献和注释,从中能够找出、分析出这一研究领域的权威性、代表性研究者和其著述,也能找出时间久远的前辈研究者的相关研究。

最后,外文文献和国外相关研究的检索运用问题。大多数高校硕士论文开题报告的文献综述都要求对"国内外研究情况"进行综述,但实际的情况是,除了传播理论研究、国际传播研究、国外媒体及新闻人物事件研究等选题,大多数新闻传播学学位论文的文献综述基本不涉及外文文献,而对于国外相关研究,大多数论文集中有对来自西方的特定理论(如框架理论、话语理论、性别研究理论等)的综述。对此,我们应以实事求是的态度对待外文文献和国外相关研究文献综述,论文选题涉及这方面文献的,要"有渠道、会检索、能运用",如果论文选题确实没有涉及外文文献的,应如实说明情况,不要搞"硬拉郎配"。

---

① 风笑天:《社会学研究方法》,第62页,中国人民大学出版社,2005年版。
② 路阳:《社会科学研究中的文献综述:原则、结构和问题》,《社会科学管理与评论》,2011年第2期,第72页。

二、文献综述

"文献综述"英文称为 survey,synthesis,overview,review。文献综述（literature review）与研究综述（research synthesis）、研究述评（research review）及元分析（meta-analysis）这些称谓尽管互有指涉与交叉，但通常被认为是对以往研究成果、方法、理论等所做的独立研究、点评并以此构建相关主题的严格的研究活动，是在对某个事先设定研究领域的文献进行广泛阅读和理解的基础上，对该领域研究成果的分析、综合和思考。[①]

文献综述首先是对相关研究课题主要学术观点和富有影响力的理论方法的整理，而不是单纯地进行背景描述；其次是研究者就设定的研究论题与目标依照自己的眼光、学识和兴趣对现有的文献进行评价和分析；再次是对该研究的未来提出建议或展望，以凸显出将要进行研究的价值与意义。文献综述相当于研究论题的历史地图，撰写综述就是勾画出研究论题相关性的代表性成果，并对此作出评述以给予其相对客观公正的坐标，借此建立自己的问题框架体系进而显明解决的关键问题与所带来的意义。[②]

第二节　文献综述的主要作用

有学者认为，文献综述有四个方面的作用：识别研究的起源，这就将研究放到了现有的理论和实践范围之内；表现对感兴趣领域的观点、信息和实践行为的了解；证明研究题目和方法的选择是必要和适时的；提炼并发展研究的问题和目标。[③] 还有学者认为，文献综述的写作目的是：(1)通过评估分析已有的研究贡献和局限，凸显自己研究问题的价值。(2)寻找自己的专业（问题）定位——它和理论传统的关系，以便阐明自己的研究在这一领域中的位置。(3)寻找自己不同于前人之处，阐明其研究的

[①] 支运波：《人文社会科学研究中的文献综述撰写》，《理论月刊》，2015年第3期，第80页。
[②] 支运波：《人文社会科学研究中的文献综述撰写》，《理论月刊》，2015年第3期，第80页。
[③] （英）马丁·丹斯考姆：《做好社会研究的十个关键》，第47—48页，杨子江译，北京大学出版社，2007年版。

进展和特点,让其研究发现尽可能具有原创性。①

学位论文既是研究生经历专业化学术训练的书面文字工作的结果与结晶,同时也是获得学位的最重要的凭证,要经过学术共同体专家开题、预答辩、答辩前评审、答辩等环节学术评价。专家评价就是通过论文看到研究者论文问题意识是否明确?是否具有创新价值?研究工作量是否饱满?研究态度是否端正?研究过程及方法是否规范?对于文科硕士学位论文,上述情况都可以从论文文献综述中"观测"到。但是,未能认识文献综述的重要作用,认为只有论文正文才是重点,而在文献综述中只是简单罗列几部著作、几篇论文,将文献综述做的浮皮潦草,这种情况在硕士学位论中并非少见。特别是,只是片面地将文献综述理解为介绍研究背景和前人已做过的研究,未能认识到要通过文献综述来说明论文的研究价值,凸显问题意识,几乎是"学术小白"们共同的误区。

因此,结合文科学位论文的特征、功能、要求来认识文献综述的作用具有非常重要的意义。硕士论文的文献综述既是"说明书"也是"宣言书",它要简明扼要地"说明"研究对象、研究问题的学术历史地图并在地图上标出"高峰"与"高原";它还要"claim",要宣称、表示出论文的研究价值和问题意识,这种"宣称"方式并非是诗人放歌般的"自己论断",而是用事实说话,"事实"就是学术历史地图上的"洼地"乃至地图尚未标示的"空白之地"。

综上所述,文献综述在文科学位论文中的作用主要有以下两个方面。

一、说明研究基础,标示研究努力

对标人生三问"我是谁、我从哪里来、我要到哪里去",文献综述最基础的作用是对论文研究对象、研究问题"我是谁"的"事实性"回答,同时,这一回答是否全面、是否令人信服,也将标示出论文研究者的工作态度。文献检索的效度、广度、深度是论文学术水平和研究者工作态度的重要表征。论文评阅人可以通过文献综述及论文论证中的引证情况来对其作出评价。文献综述居于论文绪论部分,是阅评人对论文文献利用情况的第一印象。如果文献综述只有区区几百字或是东拉西扯、语焉不详,我们很难相信研究生是以踏实严谨的态度开展论文研究写作。

---

① 张静:《社会学论文写作指南》,第93页,上海人民出版社,2008年版。

二、说明研究价值,凸显问题意识

问题意识是学位论文的灵魂,文献综述是论文的组成部分,要为说明研究价值、凸显问题意识服务。脱离论文问题意识的文献综述只是"别人嚼过的馍",只有凸显论文问题意识的综述才是有价值的"自己的创造"。一般地,学位论文绪论主要包括研究价值与意义、文献综述、研究方法与思路等,这其中"文献综述""研究价值与意义"二者是有机统一的。大多数论文格式要求是,"研究价值与意义"在前,"文献综述"在后,这是一种"总—分"的关系,反之,"文献综述"在前,"研究意义与价值"在后(国家社会科学基金项目申报书就是这样的格式),则是"分—总"的关系。"研究价值与意义"要用概括性的话语直接陈述论文的研究价值与问题意识;"文献综述"则在说明已有研究情况的基础上,指出本论文研究问题对这一领域研究的创新与发展,是对"研究价值与意义"的具体论证、事实论证,即标注学术历史地图上的"洼地"乃至地图尚未标示的"空白之地"。

第三节　文献综述的主要内容

文献综述不能仅是对研究对象已有相关研究成果的罗列,而要带着学位论文的问题意识,秉承实事求是的科学精神,以问题性思维、批判性思维,在科学检索文献、全面获得文献、充分阅读文献后,对研究对象、研究问题文献进行书面述评。有学者认为,文献综述应该包括以下主要内容:对于这个主题,我们已经了解些什么?对于已经获知的东西,你有什么想要批判的?有没有什么人做过完全一样的研究?有没有什么人做过相关的研究?你的工作在既有的研究当中,处于什么样的位置?在已有别的研究的情况下,为什么你的研究值得一做?[①] 另有研究者提出,文献综述要回答的问题主要有:这个问题为什么重要?还有谁认为它是重要的?此前谁做过此项研究?谁做过与我将研究的内容相似的研究?我可以改进什么来适合我自己的研究?研究中还存在哪些空白?谁将利用我的材料?我的研究项目将有什么样的用

---

① (英)大卫·希尔斯曼:《如何做质性研究》,第253页,李雪、张劼颖译,重庆大学出版社,2009年版。

途？我将作出什么样的贡献？我将回答哪些特定的问题？[①] 具体来说，学位论文的文献综述应该主要包括以下三个方面内容。

一、明确论文文献综述的框架

学位论文研究综述应开门见山地指出，针对本论文研究对象、研究问题，学界相关的研究主要集中在哪几个方面，这几个方面就构成了论文文献综述的框架。例如，学位论文《被操纵的"惯常"：算法推荐对新闻真实性消解的理论批判研究》，其文献综述的开头这样写道：

本论文题目为《被操纵的"惯常"：算法推荐对新闻真实性消解的理论批判研究》，学界与本论文研究对象、研究问题密切相关的研究主要有关于新闻真实性观念及其变迁的相关研究、关于"新闻操纵"的相关研究、人工智能传播对新闻真实性影响的研究、算法推荐对新闻真实性的影响研究四个方面。

进而，该论文文献综述的框架就是由上述四个方面构成。

这里应注意，要分清楚研究领域、研究对象、研究问题、研究背景的区别。一般地，除非对论题有特别重要作用或另有说明，研究背景、研究领域不应作为文献综述的主要内容。研究背景应该是在论文绪论中的起始部分或专门以"研究源起""研究背景"来介绍；研究领域较为宽泛，如上面例子中"新媒体传播对新闻真实性影响的研究"就是研究领域，如果对其进行文献综述，就显得大而不当。

还应注意，文献综述的作用有两个方面：说明研究基础，标示研究努力；说明研究价值，凸显问题意识。一般地，对研究对象的文献综述，侧重于前者；对研究问题的综述，要两者兼顾并侧重于后者。例如，上例中文献综述有四个方面，"关于新闻真实性观念及其变迁的相关研究"部分就不能够强求要去研究"算法推荐对新闻真实性消解"的问题。也就是说，我们强调文献综述要凸显论文的问题意识，并不是绝对化地要求其每一部分都必须要点到研究问题，其"凸显"应该是一个用文献"事实"说话、水到渠成的过程，而不能强拉硬扯、生搬硬套，否则只能适得其反。

另外，文献综述各部分不应均匀用力，应把笔墨更多用在对研究问题而非研究对象的综述上。有学者指出，学位论文文献综述的撰写是"主题编织"，抑或"问题先导"，不同的撰写思路，其效果将迥然有别。"主题编织"的文献综述酷似文献汇编，它

[①] （英）罗温纳·摩雷：《怎样撰写学位论文》，第146页，顾肃等译，东方出版社，2007年版。

提供了相关的知识,却降低了学位论文的学术性,而"问题先导"的文献综述则澄清、凸显了拟要研究问题的价值,彰显了学位论文的学术性。① 例如,上例中文献综述的重点应在"关于'新闻操纵'的相关研究"、"算法推荐对新闻真实性的影响相关研究"两部分,而对"关于新闻真实性观念及其变迁的相关研究"应突出重点、点到为止,不宜占用过多篇幅、喧宾夺主。类似这种情况在硕士学位论文中是常见的,文献综述运用很大篇幅对研究对象的相关文献进行述评,洋洋洒洒、蔚为壮观,但到了对研究问题的综述,寥寥数语甚至一笔带过,这就是一种较为典型的"主题编织"思路,降低了学位论文的学术性。

二、对研究对象、研究问题相关文献的回顾与评价

有学者认为文献综述是"列出与你的研究计划相关的历史研究,并解释你的论文是如何建构并超越过往研究的。"② 在确定了文献综述框架后,就需要针对框架确定的每个主题,开展文献回顾与评价,"回顾"是要概述这一主题研究文献的总体情况,研究的主要方向、代表性成果及其主要观点;"评价"是要对这一主题研究的成果质量、对社会或业界产生的影响作出评价,指出存在的问题、进一步研究的可能路径或现实社会发展对这一研究主题提出的新的研究方向、任务等。形象地说,就是要简明扼要地绘制出这一研究主题的学术地图,这一地图要有平原、高原、高峰,还要有尚待认知的"空白之地"。

研究综述最常见的问题主要有两个:一是"只述不评"。有学者指出,文献综述是一种书面论争。它依据对研究课题现有知识的全面理解,建立一个合理的逻辑论证;通过论证,得出一个令人信服的论点,回答研究问题。③ 所谓"书面论争",更为具象的理解,我们可以把文献综述看作是一个"学术论辩会",针对某一主题,研究者们在此各拿"兵器",各抒己见。而综述写作者既要记录下代表性观点,也要对论辩进行评判、评价,这才是体现论文研究者认识水平、学术水平的部分。二是随意罗列研究著

---

① 李润洲:《"主题编织"抑或"问题先导"——对教育学科学位论文文献综述的思考》,《研究生教育研究》,2014年第3期,第57页。
② 迈克尔·E·查普曼:《人文与社会科学学术论文写作指南》,第14页,桑凯丽译,北京大学出版社,2012年版。
③ 劳伦斯·马奇,布伦达·麦克伊沃:《怎样做文献综述——六步走向成功·代序》,上海教育出版社,2011年版。

述。文献综述要概述某一主题研究文献的总体情况,研究的主要方向、代表性成果及其主要观点,但并非是"有闻必录"式的没有重点、没有逻辑的简单罗列。有些论文的研究综述只是蜻蜓点水地列出了几篇论文的题目,表面上看是不够全面,但根本上看,是研究者学术研究态度不端正,没有进行深入的文献检索,也没有获得全面充实的文献,更谈不上认真阅读文献,而造成文献综述质量很差。

三、提出本论文研究问题

在对研究对象、研究问题相关文献的回顾与评价中,我们需要对以下问题作出回答:对于论文的研究问题,这个问题为什么重要?还有谁认为它是重要的?有没有什么人做过完全一样的研究?有没有什么人做过相关的研究?你的工作在既有的研究当中,处于什么样的位置?在已有别的研究的情况下,为什么你的研究值得一做?进而,也就提出了本论文的研究问题,论证了本论文的研究价值与意义。

第四节 撰写文献综述的主要原则

撰写文献综述应把握好重视厉行原则、遵守规范原则、述评结合原则、整体统一原则。

一、重视厉行原则

所谓重视厉行,就是要思想态度上重视文献综述、在行动上通过高质量的文检索与写作实现文献综述在学位论文中的作用:说明研究基础,标示研究努力;说明研究价值,凸显问题意识。从总体上看,文献综述的研究写作难度要低于论文正文论证部分,而且,文献综述的基本格式、表达逻辑是可以学习模仿的,文献综述一般不会是学位论文研究写作的难点。但是,"文献综述不全面、不规范""文献综述过于简单""文献综述脱离论文研究问题,有灌水充数倾向",这却是硕士学位论文评审中对不合格或质量较低论文评价较为常见的原因。上述问题的症结就在于部分研究生不重视文献综述,有的寥寥数语、有的罗列灌水、有的杂糅重复、有的只是"复制粘贴"。因此,我们认为,本不是学位论文难点的文献综述不应成为论文的堵点,更不应成为会使论文被判定为不合格的痛点,做好学位论文的文献综述,端正态度、思想重视是第一出发点。

二、遵守规范原则

所谓遵守规范,就是要以严谨求实的态度,全面、客观、规范地呈现与评价文献。一是要尊重文献,不能为了自己论文的需要而随意取舍、剪裁文献;不能将来自文献自身的话语与学位论文作者的评价杂糅,更不能对文献自行"添枝加叶"。二是要评价客观,对文献的评价不能主观臆断、片面极端,要避免使用个人口气和情绪化的语言。有学者指出:我们应以一种平等而开放的态度,对他人的研究表示充分的理解和尊重。后来者不必自恃高明,贬斥前人,甚至否认已有研究的价值。评述以往的研究是一种与前人的对话,要带着敬意和谢忱,而不要用指责的口吻,行文应尽量中性平和。① 同时,在评价文献时,如没有确切的证据或学界公认的结论,原则上不用"首次""第一""最重要""最早""奠基之作"这样的词汇。三是不能引用别人的文献而不做说明或不做标注,更不能剽窃别人论文的文献综述用于自己的论文,对此,有学者指出,有一些写法很讨巧,寻找一篇他人的文献综述加以利用,以节省自己阅读和分析的精力,这样做的风险是:当你和他人回顾品评的重点不一样时,很难借此阐发出自己研究问题的价值。如果他人对原作品的理解有误,那么它带来的风险更高。因此,保持自己的特殊洞察和个性阐述十分重要。②

三、述评结合原则

所谓述评结合,就是要将文献回顾与评价有机结合。这一点我们已多次强调,不再赘述。

四、整体统一原则

所谓整体统一,就是文献综述的框架内容要与论文正文内容相呼应。学位论文

---

① 李剑鸣:《历史学家的修养和技艺》,第210—211页,上海三联书店,2007年版。
② 张静:《社会学论文写作指南》,第95页,上海人民出版社,2008年版。

的文献综述在论文开题时已完成初稿写作,随后作者开始论文正文写作。在论文写作过程中,研究者一般会适当调整论文框架,有的还会对论文框架、研究方法等进行结构性修改。此外,随着研究的深入,文献阅读也会进一步深化。因此,在论文正文完成后,应该对已初步完成的文献综述进行全面修改。如论文结构中新增或删去了某些论题,文献综述也应对应做出调整,使文献综述的框架内容与论文正文内容相呼应、相一致,不能出现论文重点论证了某一主题而文献综述却不见其踪影的情况。有学者甚至提出,文献综述虽然是学位论文绪论中的一部分,本应先写,但从操作层面而言,最好等到论文写完后再写。学位论文的文献综述并不是在寻找研究问题时写的,而是根据整个研究过程对相关文献的不断理解来写的。[1] 我们认为,这一建议是有一定道理的,但不管是何时写作文献综述,文献综述的框架内容要与论文正文内容相呼应是其基本的撰写原则之一。

第五节　文献综述的常见结构逻辑

文献综述的基本格式、表达逻辑是有一定章法的,对于初次撰写硕士学位论文的人来说,完全可以从模仿开始,即通过阅读规范的、高质量的学位论文文献综述,学习其话语叙述方式、基本格式和逻辑结构,从方法上掌握撰写文献综述的章法。新闻传播学学位论文文献综述的常见逻辑结构主要有以下三类。

一、以问题横向关系逻辑综述

以问题横向关系逻辑综述,即将综述主题分成若干子主题(层面),分别对各子主题文献进行综述。例如,论文《被操纵的"惯常":算法推荐对新闻真实性消解的理论批判研究》的综述,在"关于'新闻操纵'的相关研究"部分,作者根据论文研究问题,在研读文献后将研究子主题分为新闻操纵的显性手段、新闻操纵的隐性手段两个方面进行综述。以问题横向关系为逻辑综述,要根据论文研究问题选择侧重点,不必面面俱到,但在陈述时应简明扼要说明文献的基本面貌。例如,学界关于"新闻操纵"研究

---

[1] 李润洲:《"主题编织"抑或"问题先导"——对教育学科学位论文文献综述的思考》,《研究生教育研究》,2014年第3期,第60页。

的子主题,远不止新闻操纵的显性与隐性手段两个方面,但该论文的研究问题是"被'操纵'的惯常",且研究聚焦点在算法推荐对真实性可能产生的"隐性"操纵上。因此,论文在用一句话陈述学界关于新闻操纵研究的子主题后,明确指出"与本论文研究问题直接相关的研究论题是新闻操纵的显性与隐性手段",进而进行了文献回顾与与评价。

问题横向关系逻辑是文科学位论文文献综述最常见的逻辑结构,但这一结构也很容易写成"晒衣绳化文献综述",即罗列文献著述,没有重点平铺叙述的综述。特别是一些论文本身问题意识不够明确,论题是在对一个研究领域、研究对象而非是对特定研究问题开展研究,其论文综述"综述"的是一个研究领域,自然要述评这一领域众多子问题的研究文献,"晒衣绳化文献综述"就生成了。此外,将研究背景混同于研究问题,对研究背景展开文献综述也是这类综述常见问题之一。如论文《被操纵的"惯常":算法推荐对新闻真实性消解的理论批判研究》,新媒体发展历史、算法推荐技术的演进等都属于论题背景,但如果将其也作为研究综述内容就跑题了。

二、以问题史、概念史逻辑综述

以问题史(概念史)逻辑综述,即根据某一特定问题或概念研究历程进行综述。一般地,只有综述主题涉及的研究问题为学界关注的重要问题、所涉及的概念为学科基础性重要概念、所涉及的理论为学科经典理论,才适合以此逻辑综述。因为,只有这样的问题、概念、理论才能在学术研究中积累有较高研究水平的、丰富的文献,而如果没有丰富的文献,采用这种方式就是"大马拉小车"了。例如,上例中"新闻真实性观念及其变迁的相关研究"就采用了概念史逻辑进行综述。以问题史、概念史逻辑综述,需要将研究问题、概念、理论放置于学术、学科发展的总体视野下进行考察,描绘出已经或可能生成的研究流派、研究范式和代表性学者、著述并作出客观中肯的评价。

新闻传播学学位论文中有相当一部分是运用经典理论,以特定理论视角研究传播现象、大众文化现象的论文,如何处理好文献综述部分和论文正文部分的理论陈述问题是一个很现实的写作问题。例如,论文《新世纪以来中国军事题材电视剧青春偶像化研究》[①]，论文的主体部分，从精神分析和青年亚文化两个视角，对军事题材电视剧青春偶像化进行了文化解读，并对其进行了价值评价与反思。论文必然要在文献综述部分对精神分析理论和青年亚文化理论进行综述，而在正文部分，由于论文的主体就是以精神分析和青年亚文化为理论视角进行文本分析，必然也会涉及对这两个理论的陈述，如何处理好二者有可能的"重叠"部分？我们认为，文献综述部分的"理论陈述"是综述，重点是对理论史及其经典性的评介，对理论的具体观点不要展开；正文部分的"理论陈述"，此处的"理论"实际上是分析研究问题的"工具"，已经成为论文方法论层面的陈述，应适当展开理论的具体观点，为下面的文本分析做好准备。

三、以比较逻辑综述

以比较逻辑综述，所综述的主题、研究成果较为明显地呈现出研究方法、立场、观点的差异或对立，综述主要以展现这些差异、对立为逻辑展开。这类综述一般可针对学术界曾经展开过争鸣的理论与实践问题，以不同研究方法开展对同一问题研究但研究结论迥异的问题、对同一问题因研究理论前设或立场不同而产生不同观点的问题、学者在不同学术阶段对同一理论命题产生的不同观点等开展综述。采用这一逻辑综述，应将文献放置于相对一致的学术坐标系中进行评价，研究者要尊重原始文献，以原始文献文本为基础开展学术评价，评价态度要客观。

---

① 张洁龙:《新世纪以来中国军事题材电视剧青春偶像化研究》，宁夏大学硕士学位论文，2015年。

第六章 方法匹配：硕士论文研究方法的选择与表达

"工欲善其事，必先利其器。"研究方法是学位论文进行研究时所使用的工具和手段，为验证假设、剖析问题、理论论证、阐释分析提供"手杖"、搭起桥梁。如果把论文研究写作看作是"种田"活动，研究方法就是"锄头"中的一种。目前，大多数高校新闻传播学研究生专业课程会设置两门基础性"方法论"课程：《新闻传播研究方法》《论文写作指导》。本书作为《论文写作指导》课程的教材，主要从论文撰写的角度，分析新闻传播学硕士学位论文如何在书面表达层面呈现研究方法、展示研究过程。值得注意的是，新闻传播学硕士学位论文中，作者申明的研究方法常会引起论文评价者的质询，这其中既有对作者选择研究方法科学性、合理性的质询，也有对作者表达研究方法规范性的质询，而后者，需要引起硕士研究生的重视。

第一节 选对"锄头"，打出"粮食"

在文科硕士论文开题与答辩中，"考官"常会质询"考生"的问题有三：你的研究问题是什么？你用什么方法进行研究？你用哪些理论阐释你的研究问题？对于文科学位论文，研究方法实际上有狭义与广义的区分。狭义上的研究方法就是指研究问题的工具和手段，主要包括定量和定性两类方法：定量方法的基础是科学的抽样与测量，主要包括调查法、实验法、内容分析法等；定性方法主要包括访谈法、观察法、民族志、文本分析法等。广义的研究方法除了包括狭义的研究方法外，还包括研究、分析、阐释问题的主体思路、路径和主要理论。这是文科论文特别是人文学科选题方向论文在研究方法上与其他学科论文的显著不同，也是由人文社会科学的学科气质、研究传统所决定的。

因此，在文科学位论文中，我们常会看到作者申明自己论文的研究方法是"结构主义—符号学方法""话语分析方法""历史与比较方法""政治经济批判方法""文献研究法"等。但是,这些方法还会引起一些争议,有人认为只有定量方法才是科学的研究方法。定性方法中的访谈法、观察法、民族志也是科学的研究方法。文本分析法、文献研究法不能算是"研究方法",而至于"结构主义—符号学方法""话语分析方法""历史与比较方法""政治经济批判方法",则不是研究方法。出现上面争议的原因是多方面的,主要原因是学界过度神化、量化研究方法,贬低甚至否认基于文献和思辨的定性方法。

研究方法在学位论文研究写作中确实重要,但是不是只有量化方法才是"科学方法",定性方法不科学、不客观,甚至不能称之为"方法"? 回答当然是否定的。

一、学位论文必须重视研究方法,但不能"唯定量方法至上"

研究方法是在学位论文选题、开题及研究过程中需要认真琢磨、精心设计的一个重要方面。撰写学位论文,必须写清楚、讲明白论文的研究方法,特别是,以定性方法为主要研究方法的学位论文,更需要在申明研究方法上下更大的功夫。这是因为,以量化研究为主要研究方法的学位论文,论文要完整全面规范地展示研究设计、研究依据、研究过程和研究结果,这类论文完全是基于量化研究而生成,其研究设计、研究过程必须科学、规范,否则,论文结论就会被质疑甚至被推翻,论文就会直接被判定为不合格。而以定性方法为主要研究方法的学位论文,特别选题是偏向人文领域问题的论文,研究方法更多体现为逻辑思路,论文中一般不会展示"研究过程",这就要求作者在绪论中"研究方法"一节的表述上下更大的功夫。同时,新闻传播学是兼具社会科学与人文科学气质的交叉学科,定量方法和定性方法对于新闻传播学研究同等重要,没有科学与非科学、主流与非主流之分,不能"唯定量方法至上"。而且,研究方法本身也应该是为研究问题、解决问题服务,论文研究问题的价值是决定论文价值的核心要素。

二、不能只顾炫耀"锄头"而忘记了"种田"

有些论文的重点不是在"解决问题"而是在"炫技",最后的结果就是论文数据、表格、图示花花绿绿、满满当当,但费了半天劲却得出了众所周知的道理、用了大量研究方法却没有提出令人深思的观点、研究过程展示得天衣无缝却没有将研究问题剖析清楚。还有的论文本是以思辨性、批判性为主要思路,但为了迎合所谓"方法第一、方法先行"的要求,硬是在文中塞进数据分析的内容以"装点门面",使得论文支离破碎,观点的火花忽明忽暗甚至黯然无光。有谚语云:"不能只顾炫耀'锄头'而忘记了'种田'。"这句谚语一语道破了上述论文的"病症"。上述情况在新闻传播学硕士学位论文中并非少见,需要引起高度重视。一方面,我们要从科学性、规范性上重视研究方法;另一方面,必须纠正"方法第一、方法先行"的不正确观念。论文的价值在于"打粮食",提出新观点、剖析新问题,"锄头"再先进、技术再精良,然而却没有产出"粮食",只能是事倍功半。

第二节 新闻传播学硕士论文研究方法运用与表达的常见问题

下面主要分析新闻传播学硕士学位论文研究方法运用与表达的常见问题,需要注意两点:一是本书主要对定性研究的常用方法进行解读,而基本上没有涉及定量方法;二是硕士论文的常见问题之一就是在研究方法陈述表达上笼统、简单,这种情况在以定性研究为主要研究方法的论文中表现得尤为明显,作为讲授论文写作的教材,我们将在这一方面多作些分析。

一、关于马克思主义社会科学方法

马克思主义社会科学方法论以辩证唯物主义和历史唯物主义为根本方法。包括以实践为基础的研究方法、社会系统研究方法、社会矛盾研究方法、社会过程研究方法、社会主体研究方法、社会认知与评价方法、世界历史研究方法等。构成了一个科学的和开放的方法论体系,设计如何处理主体与客体、系统与要素、矛盾与过程、个人与群众、认知与评价、世界历史与民族历史等一系列社会发展中的重大关系问题。马克思主义社会科学方法论可以帮助人们树立正确的立场、观点、方法,可以为各门社会科学的研究提供基本原则和合理途径,促进科学的学科体系和话语体系构建,从而有利于人们在科学的方法论指导下从事社会历史问题研究,进而正确分析、选择和运用各种具体的社会科学方法。[①]

[①] 本书编写组:《马克思主义与社会科学方法论(2018年版)》,第9页,高等教育出版社。

以辩证唯物主义和历史唯物主义为根本方法的马克思主义社会科学方法论是中国人文社会科学研究最基本、最重要的方法论。对于新闻传播学硕士学位论文,一方面,理论研究类和史论研究类论文必须要以马克思主义新闻观、历史观为指导,运用马克思主义社会科学方法论的具体研究方法开展研究;另一方面,业务研究类、文化研究类论文要在坚持辩证唯物主义和历史唯物主义的基础上,在马克思主义社会科学方法论指导下正确分析、选择和运用各种具体的社会科学方法。

二、关于文献研究法

文献研究法,是指在搜集与整理研究领域相关文献的基础上,对文献进行研究之后形成新的认识的一种研究方法,要求研究者做到全面且客观。事实上,所有的论文都必须使用文献研究法才能完成研究,也因此,在部分学者视域中,文献研究法不能称之为"研究方法"而是所有学术研究都在使用的手段。对于这一看法,我们的观点如下:一是从论文选题方向分类,新闻传播学硕士学位论文主要可以分为理论研究类、史论研究类、业务研究类、文化研究类四种类型。文献研究法应该是理论研究类、史论研究类论文的基本研究方法。对理论命题展开阐释性或探索性的研究,通过文献探寻理论命题的嬗变及其相关研究,本身就是理论研究类论文的主体思路。而史论结合、论从史出、重视史料是史论研究类论文的基本特征与核心要求。通过爬梳史料得出今人之鉴是史论研究类论文的重要目标。二是业务研究类、文化研究类论文,如果主要针对新闻传播业务问题、大众文化特定现象开展研究、解读,其论文的核心研究问题不是理论、史论层面,原则上不必特别申明使用文献研究法。三是在绪论"研究方法"部分陈述"文献研究法"时,应对本论文开展文献检索的主要领域、所使用的数据库和其他文献资源、所使用的重要文献特别是具有独特价值的文献(如新发现史料、已有同类研究中未使用的文献等)作出说明,而不要仅作笼统陈述,即要点出亮点,告知论文审阅者和读者,本论文在文献调研、检索、运用上所做出的学术努力。

三、关于案例研究法

案例研究法亦称为个案研究法,是对有代表性的事物(现象)进行深入研究、分析,从而获得总体认识的一种科学分析方法。这一方法被广泛地运用于经济学、管理学、社会学等学科研究中,特别适用于无法精确定量分析的实际的事物(现象)。新闻传播学硕士学位论文运用案例研究法应注意以下四个问题。

首先,案例分析是一种具有特定范式的文体,这一文体与学术论文有显著区别。要分清论文、研究报告、案例分析的区别,不能以研究报告、案例分析的思维做论文研究,写作学位论文。新闻传播学硕士学位分为学术型硕士和专业型硕士两类。其中专业型硕士研究生可以以研究报告、案例分析、实践作品申请硕士学位,也可以以学位论文申请硕士学位;学术型硕士研究生主要以学位论文申请硕士学位。如果研究生选择以案例分析申请硕士学位,应该掌握案例分析研究写作的要领,不要将案例分析、论文杂糅。同样,学位论文也不能完全按照案例分析的体例研究写作,但案例分析法可以是学位论文的研究方法之一。

其次,学位论文运用案例分析法,主要是为了确定研究对象的具体研究文本。这一点我们在第四章已经做过具体分析,应注意分清案例与事例、举例的区别。案例要有足够量的文本;案例选择要有典型性、代表性,能够在逻辑上、事理上从"个别"推论出"一般"。新闻传播学硕士学位论文的研究对象许多是作品文本,但数量巨大,论文研究不可能穷尽所有文本,将所有文本都作为论文分析的对象,这就需要运用科学的方法从树木看森林、由个别到一般,在保证效度和信度基础上抽取出能够代表"一般"的"个别"文本,通过对"个别"文本的分析解读获得对"一般"的认识。一般地,确定研究对象具体研究文本的方法有二:抽样法和案例分析法。抽样法适合运用于研究对象为时间维度上连续传播或空间上遍布传播的媒介、传播内容,例如《新时期以来新华社"两会"花絮新闻报道研究(1980——2020)》《省级党报"两会"报道版面语言研究》;案例分析法适合运用于研究对象多、杂、散或者研究对象为正在发生发展中的社会文化现象,例如《影评类公众号传播影响力要素研究》《新主流电影中的平民英雄形象建构研究》,这两个论文选题的研究对象"影评类公众号""新主流电影"文本很多,又很难通过抽样来确定具体研究文本,所以可以采用案例研究法,例如,《影评类公众号传播影响力要素研究》选取了某影视专业机构发布的影评类公众号影响力排名前5位的5个公众号作为个案进行研究。

再次,要详细、有理有据地说明确定案例(个案)的理由。新闻传播硕士学位论文运用案例分析法最常见的问题是所选案例是否能够在逻辑上、事理上从"个别"推论出"一般"。从方法论角度看,如果所选案例不具有代表"一般"的典型性、代表性,则论文的科学性就会受到严重质疑,论文的研究结论也就不成立了。因此,论文中要详细、有理有据地说明确定案例(个案)的理由。以《新主流电影中的平民英雄形象建构

研究》①为例,文中对案例作出如下说明:

本文选取15部新主流电影作为研究文本,这15部电影制作水平较高,获得过各种奖项且主要角色符合"平民英雄"形象。因此,本文将以这15部新主流电影中的"平民英雄"形象为研究对象,探究其中"平民英雄"形象建构的表征及新变,进而对其所反映出的文化内涵和价值意义进行分析和解读。

根据学界研究文献,本文研究对象"新主流电影中的平民英雄形象"之"新主流电影"是指继承了主旋律电影的价值内核,在以传播主流意识形态和主流价值观为前提下不仅吸收商业电影的工业化、商业化模式,还采用商业电影的叙事方式及类型化策略,重视市场、面向观众,同时借鉴了艺术电影的美学风格及影像技法的当代电影。学界一般认为,新主流电影起始于2006年的《云水谣》,根据笔者整理,截至2022年1月,公开上映的新主流电影共有76部(具体名录见附录)。为了保证研究对象的代表性和研究的可行性,本文选取76部影片中获得中国电影"三大奖"最佳影片的15部影片作为研究文本。

中国电影"三大奖"是指大众电影百花奖、中国电影金鸡奖、中国电影华表奖。其中,百花奖是观众奖、金鸡奖是专家奖、华表奖是政府奖。这三个奖是经中共中央批准的三项常设全国性文艺大奖。但由于奖项的评比具有滞后性,目前第37届百花奖、第36届金鸡奖及第18届华表奖的评比尚未开始。因此本研究在样本选取时,首先以符合平民英雄形象的新主流电影为依据,其次是获"三大奖"最佳影片的电影。

最后,学位论文运用案例分析法,要处理好单案例与多案例的关系。单案例,即论文具体研究对象只有一个案例,全文通过对这个案例的解读来对研究问题作出阐释。如果论文的研究问题属于"微观"问题,运用单案例解读是可行的,但要防止将论文作成"案例分析"。如果论文研究问题属于"中观"问题,即研究问题解读的是"一类"而非"个别"的现象,则应选择能够反映"一类"现象中的若干同类案例。这既是保证论文研究方法科学性、论证逻辑合理性的需要,也是硕士学位论文"体量"的需要。因为,运用案例分析法的论文(而不是案例分析)一般要进行文本分析、论证解读,文中需要描述、论证、引用案例文本内容,单案例常会出现文本供给不足的情况,同时,多案例还可以进行同类比较,增强论文的深度。总之,新闻传播学硕士学位论文运用案例分析法,一般在研究具体业务策略等微观问题时可以使用单案例,这实质上就是"解剖麻雀"的方法,但要注意学术论文与案例分析的区别;而对理论命题、现象类问

---

① 范红瑞:《新主流电影中的平民英雄形象建构研究》,宁夏大学硕士学位论文,2023年。

题开展的研究,原则上应使用多案例进行解读分析。

四、关于文本分析法

文本分析法是运用相关理论,从文本的表层深入到文本的深层,从而发现那些不能为普通阅读者所把握的深层意义的研究方法。文本分析的理论资源来自于人文社会学科的经典理论(最典型的是西方文论),早在文艺复兴时期欧洲学者就已经开始文学批评,后来逐渐发展到电影批评领域,研究目的在于发现文学作品和电影的价值。20世纪中后期,西方人文社会科学发生了语言学转向、文化转向,这也深刻影响了本是"十字路口"学科的传播学。传播学者在运用经典马克思主义和西方马克思主义理论探究大众传媒意识形态深层问题的同时,流行文化、大众文化领域层出不穷的新现象也成为传播学的重要研究对象。时至今日,运用文本分析法研究解读新闻文本、大众文化文本,依然是新闻传播学学术研究的重要领域,而这一领域也是近年来新闻传播学硕士学位论文选题最为集中的方向。关于文本分析法在新闻传播学硕士学位论文中的应用与写作表达,我们应注意以下两个问题。

首先,注意文本分析法与内容分析法的区分。文本分析法与内容分析法是对媒介内容研究的两种基本方法,各有所长。内容分析法是对传播内容进行客观、定量描述的一种定量研究方法,它一般只适合研究那些明确的、显在的媒介内容,在处理意识形态、价值、意义这些含义精妙的概念方面比较薄弱,因为这些深层意义要求研究者作出主观判断,无法用共同标准来衡量。[①] 文本分析法强调对媒介文本的深入理解,旨在探寻文本深层甚至是文本之外的意义。一般地,大多数文化研究取向的学位论文更多采用文本分析法。实践中,常有论文将这两种方法混淆,有的论文申明主要采用内容分析法,但文中却没有关于抽样、编码、数据分析的描述;有的论文申明主要采用文本分析法,但文中却没有具体的理论视角,只是对文本人物、语言、情节等作了微观的分析。上述情况都属于论文研究写作中较为严重的问题,基本上可以因此而被评定为不合格论文,出现问题的主要原因就是混淆了文本分析法与内容分析法的区分,没有掌握两种方法的研究要领。

其次,要选择与研究问题相匹配的、具有阐释力的理论作为文本分析的理论工具,并在陈述研究方法时明示。

---

① 陈阳:《大众传播学研究方法导论》,第196页,中国人民大学出版社,2007年版。

文本分析法是"运用相关理论",从文本的表层深入到文本的深层,从而发现那些不能为普通阅读者所把握的深层意义的研究方法,也就是说,文本分析是基于特定理论对文本深层问题进行的研究阐释,在文本分析中,"特定理论"成为了作为研究方法的"工具"。运用文本分析作为主要研究方法的学位论文,与研究问题相匹配的、具有阐释力的理论是架通"问题意识"与"理论性、创新性、规范性、深度性"的桥梁。因此,在论文绪论"研究方法"部分,可以将诸如"精神分析方法""框架分析方法""话语分析方法"等作为研究方法陈述,而不要笼统地只申明论文使用"文本分析方法"。

例如,学位论文《一百首爱国歌曲歌词文本中的"国家"话语变迁研究》[①],以中宣部、中央文明办等10部委推荐的《爱国歌曲100首》中所列的歌曲为研究样本,综合运用文本分析、话语分析的方法,通过对一百首爱国歌曲歌词文本的文本、话语实践及社会实践的解读,研究"国家"表征在爱国歌曲中的塑造方式、演变成因、其与社会价值建构之间的内在关联以及所产生的启示与思考以及"国家"表征的变迁。在绪论的"研究方法"部分,作者的陈述如下:

(一)费尔克拉夫话语分析法

费尔克拉夫系统建构了话语分析的理论与方法。本研究参考费尔克拉夫所建立的三向度话语分析理论,从微观到宏观对一百首爱国歌曲进行话语解读。本文将阐释一百首爱国歌曲歌词文本的话语呈现及变迁,挖掘"国家"表征在爱国歌曲中的塑造方式、演变成因、其与社会价值建构之间的内在关联以及所产生的启示与思考。

首先,本文对文本向度的研究主要集中于对歌词文本的解读,建构研究类目后对文本的结构特征、主要议题、高频词时间跨度等进行分析。其次,对话语实践环节的展开着重研究一百首爱国歌曲的选取过程和歌词文本的生产过程。最后,对社会实践语境的研究主要探析一百首爱国歌曲歌词文本形成的社会成因。基于以上材料,对一百首爱国歌曲歌词文本的"国家"表征建构展开具体研究。

(二)词频分析法

词频分析法是文献计量学中具有代表性的一种内容分析方法,基本原理是通过词出现频次多少的变化,来确定变化趋势。本文利用python词频分析工具进行分

---

① 黄思源:《一百首爱国歌曲歌词文本中的"国家"话语变迁研究》,宁夏大学硕士学位论文,2023年。

析，结合jiaba分词，针对一百首爱国歌曲歌词文本正文中重要词汇出现的次数进行统计与分析，进行文本挖掘。

首先对爱国主义歌曲歌词文本进行统计，共计22886个字符，再系统自动拆分文本，在去掉未知词、筛选词性、去掉单字后得到报告并分析。词频分析法使用了整合后的哈工大停用词表、中文停用词表、百度停用词表、四川大学机器智能实验室停用词库，结合jiaba分词用来分词，实现了词性分类、词语出现次数等统计功能。后对歌曲歌词文本的结构特征（主要议题、高频词、地域分布、数量及文本篇幅）、文本风格（叙事主题、叙事方式、叙事态度、叙事视角）进行分析。

新闻传播学硕士学位论文文本分析的理论工具较为常见的有四类：一是马克思主义理论，主要有政治经济批判理论、空间理论以及社会系统研究方法、社会矛盾研究方法、社会过程研究方法、社会主体研究方法等；二是来源于西方理论的文化研究理论，主要有结构主义符号学理论、叙事学理论、性别理论、精神分析理论、后殖民主义理论、后现代主义理论等；三是传播学的框架分析理论、话语分析理论等（应注意一般情况下培养理论、知沟理论、第三人效果理论更适合作定量研究）；四是与研究问题相匹配的具有阐释力的社会学、文学、人类学、民族学、艺术学、管理学、心理学等学科的理论，这类"跨学科"理论运用于新闻传播学硕士论文的文本分析，如果能够实现理论与研究问题的有机融合，一般会助力增强论文的创新性。

需要指出的是，我们强调文本分析要"运用相关理论"，是为了分析问题、阐释问题、解决问题，同时，也是保证学位论文理论性、创新性、规范性、深度性的需要。但是，文本分析最终是为了解决问题而不是"为了理论而理论"，也就是说，文本分析应该是以分析问题、阐释问题为起点，解决问题为目标的过程，不能"理论先行"，而是应该把理论作为中介、工具运用于分析研究中，分析问题、阐释问题、解决问题是"主"，理论是"宾"，不能喧宾夺主。

五、关于访谈法、观察法

访谈法是指调查者依据调查提纲与调查对象直接面对面地以口头形式，根据被调查者的答复搜集客观的、不带偏见的事实材料，以准确地说明样本所要代表总体的一种方式。从研究者对访谈过程控制程度大小，可以将访谈分为结构式、半结构式、非结构式三种，半结构式和非结构式访谈也称为深度访谈。非结构式访谈中研究者只是准备了大致的访谈主题，而没有确定的访谈问题和提问顺序，受访者和研究者基本上是开放式的、自由的交流;半结构式访谈中研究者会准备好访谈提纲,研究者一般会按照提纲顺序提问与受访者交流,受访者同时也可以提出自己的问题。从参与人数上区分,访谈可以分为一对一的个别访谈和一对多的群体访谈,群体访谈也被称为焦点小组访谈,就是主持人引导和组织多名受访者就特定话题进行讨论。

在新闻传播学硕士学位论文研究中,深度访谈和焦点小组访谈是较为常用的定性研究方法,特别是新闻业务、新闻史和大众文化研究中,找到"当事人",让特定新闻业务案例的实践者、新闻事件的经历者、某种大众文化的参与者与研究者面对面地交流,可以获得"一手"资料,要比二手资料的陈述、论文研究者的直接论证更具有说服力。因此,对于特定的论文选题,能够找到"当事人""知情人"进行面访交流并将其作为论文研究的重要方法之一,是论文评价的重要增分项。例如,某论文要研究某省级党报 20 世纪 90 年代"读者信箱"栏目,除了要对"读者信箱"栏目的文本进行研究,还应该找到"读者信箱"栏目当时的编辑、负责人,通过对他们的访谈可以获得更为翔实的情况。另外,应该在论文"附录"部分列出访谈提纲,如果经受访人同意,能够在"附录"中列出经过整理的完整的访谈记录则更佳。

观察法是指研究者根据一定的研究目的、研究提纲,用自己的感官和辅助工具去直接观察被研究对象,从而获得资料的一种方法。观察法在人类学民族志和社会学芝加哥学派运用较为成熟,并成为它们"学科气质"的表现之一。在新闻传播学硕士学位论文中,一般在研究亚文化、流行文化和运用民族志方法研究相关文化类型及传播活动时采用观察法,也有关于新闻生产、媒介产品生产的研究使用这种方法。例如,研究某微视频博主的影像风格,可以亲身参与该博主微视频创作的全过程,通过体验、观察来获得第一手资料,开展更为"精准"的研究。

第七章　谋篇剥笋:硕士论文的结构与论证

清代桐城学派指出,文章有义理、考据和辞章三要素。义理是思想、观点;考据是作为论据的材料;辞章是文章的技巧,包括词句、章法、层次、逻辑等。用这"三要素"来分析学位论文,义理就是论文的"问题意识";辞章就是论文的语言和结构章法;考据就是论文的论证。论文的研究问题、文献(论据材料等)、理论工具、研究方法等最终要通过规范得体的语言"化"为书面表达的论文。论文呈现出的是研究者解决特定研究问题的思维方法和过程。这个"思维方法"在书面语言上表现为论文的结构与章法,是论文作者谋篇布局能力的展现;这个"过程"是"论证"的过程,是论文作者通过层层剥笋直抵研究问题,以证(据)示人、以理服人能力的体现。

第一节　谋篇布局:硕士学位论文的结构安排与表达

我们要厘清论文"格式"与"结构"的区别。论文的"格式"即论文体例,不同的学位授予单位、学科会对学位论文格式提出不同的要求,也会形成各具特色的惯例。例如,规范的英国大学文科研究生学位论文一般由六个基本部分组成:前言、文献回顾、研究方法、研究结果、分析或讨论、结论或总结。[①] 我国高校硕士学位论文的论文格式一般由标题、目录、摘要、关键词、绪论、正文、注释、参考文献、谢辞、附录组成。学位论文"文无定法"但要"文遵规范",这其中论文格式(体例)要求的每一部分(附录除外)都不能缺失。而论文的"结构"是指论文"正文"的框架,它是论文开题报告中最核心的"干货",经过开题论证后形成基本架构,并在后续研究写作过程中进一步优化,最终成为论文定稿的文章框架。论文评阅者和读者可以通过阅读论文目录中的正文框架和论文摘要"窥见"论文全貌。

---

① 陈晓瑞:《英国大学文科研究生学位论文的结构要求及其启示》,《高等教育研究》,2003年第2期,第101—105页。

在学位论文选题、开题阶段,最重要、最艰巨的事情有二:一是明确论文的问题意识,确定论文选题;二是根据确定的论文选题撰写论文大纲(框架)。论文框架并非像文学创作那样可以通过"想象"来书写,更为确切地讲,论文框架不是"写"来的,而是"想"出来的,但又不能是"想象"出来的,也就是说,论文框架是研究者基于对问题意识的聚焦和文献阅读,运用理性思维,针对特定研究问题开展研究、阐释、分析的思维过程的书面展示。而且,这一思维过程是一个以章节目结构为基础,层层嵌套,构成全文整体结构的过程。学位论文在结构安排与表达上要做到整体自洽、轻重平衡、格式统一、完整清晰。

一、整体自洽

整体自洽即各章节内容主要围绕研究问题展开论证,能够自圆其说、清晰明白地形成解决问题的论证逻辑。在开题"搭建"论文框架及后续写作全过程中,我们要质询自己:我的论文通过什么样的逻辑(如并列、对比与比较、递进、归纳、演绎等)来研究分析问题?论文各章分别从什么层面、什么角度,论证、分析、阐释研究问题?这些层面、角度是何种逻辑关系?每一章中各节、每一节中各部分内容,它们内部的逻辑关系以及每一章各节之间的逻辑关系、每一节各部分内容之间的逻辑关系分别是什么?它们分别能否自圆其说?它们是否在服务于对论文主要研究问题的阐释?

我们以学位论文《表征与建构:偶像团体养成类节目奇观研究》来作简要分析,论文主体部分结构如下:[①]

  第一章 偶像团体养成类节目奇观的现实表征
  第一节 偶像团体养成类节目奇观的概念界定
一、偶像团体养成类节目界定
二、偶像团体养成类节目奇观界定
  第二节 偶像团体养成类节目奇观的生成逻辑
一、背景:泛娱乐化产业的发展
二、前提:粉丝权力的强调
三、催化:媒介消费习惯的转变
  第三节 偶像团体养成类节目奇观的符号表征

---

① 李冠玉:《表征与建构:偶像团体养成类节目奇观研究》,山西大学硕士学位论文,2020年。

一、偶像奇观:角色模型

二、粉丝奇观:文本挪用

三、语言奇观:表达载体

四、广告奇观:时空重置

  第二章 偶像团体养成类节目奇观的文本建构

  第一节 偶像团体养成类节目奇观视觉建构

一、消费逻辑的转变刺激了视觉主导地位的确立

二、偶像团体养成类节目奇观的视觉快感营造

  第二节 偶像团体养成类节目奇观的仪式建构

一、节目传播的仪式化

二、节目内容的仪式感

三、播出环境的仪式感

  第三节 偶像团体养成类节目奇观的狂欢建构

一、比赛机制:偶像与粉丝的地位颠覆

二、互联网:虚拟的狂欢广场

  第四节 偶像团体养成类节目奇观的叙事建构

  第三章 偶像团体养成类节目奇观的批判解读

    第一节 "养成"的矛盾性

    第二节 凝视和规训的身体

    第三节 雌雄同体的审美趋向

    第四节 拟像世界的构造

  可以看到,这篇论文对偶像团体养成类节目奇观的分析从三个方面展开。首先,在对偶像团体养成类节目奇观进行概念界定的基础上,分析偶像团体养成类节目奇观的符号表征,包含有偶像奇观、语言奇观、粉丝奇观和广告奇观的复合性奇观。其次,作为文化现象的偶像团体类养成类节目奇观,其生产是一种诉诸于"人"的节目生产,它的文本建构从视觉、仪式、狂欢及叙事四个维度展开。最后,对偶像团体养成类节目奇观文本如何被受众消费和解读进行了分析。从谋篇布局上分析,论文主体部分共三章,是递进结构,以"现实表征→文本意义→批判解读"思路展开论证,每一章各节及每节各部分是并列关系。

二、完整清晰

完整清晰,即论文结构安排要能够完整地布局,依照研究思路确定的阐释链条上的主干要素,且各部分相对独立而非杂糅不清。有学者指出,在论文布局过程中,必须把历史逻辑、空间逻辑和思维逻辑有机协调起来。论文提出问题、分析问题和解决问题,要符合人们对社会现象的认识规律和程序,使论文的逻辑秩序和人们的认识程序统一起来。在形式上,论文要有引言、入题、破题和结论,使文章全篇形成一个严谨的逻辑整体。对局部某一问题的分析、对某一现象的解释,要体现出较为完整的概念、判断、推理的过程;各章节之间要有一种内在连贯的逻辑联系和主次之分,每一分论点都要围绕主题展开,按照一定的逻辑次序层层深入,防止盲目写下去而淹没主题或偏离主题,使整篇文章结构合理、紧凑。①

结构合理、完整、清晰,是对学位论文结构安排上的基本要求。我们可以把论文看作一个劝服、说理的文本,是一个陈述、论证自己的观点并试图让阅读者接受观点的过程。在生活中,别人能够接受我们的劝服,除了立场、利益、情感因素外,我们说理的路径——先说什么、后说什么、分几个层面说,也发挥着重要作用。同样,合理、完整、清晰的论文结构也决定着我们书写论文的观点能否被别人接受、在多大程度上被别人接受。结构合理,就是论文说理顺序的空间安排要符合人们对社会现象的认识规律和程序,使论文的逻辑秩序和人们的认识程序统一起来,能够自圆其说,能够符合事理、情理、道理、法理。结构完整,就是论文结构布局要将说理要素完整地呈现出来。例如,我们分析一个传媒现象出现的社会背景(语境),一般可以分为政治背景、经济背景、社会背景、文化背景、技术背景、产业背景等。虽然并非要求要一一道来,但如果只说一二,就定有偏颇。结构清晰,是指论文各部分内容要相对独立,每个单元要有自己的论说主题,而不能"东一榔头,西一棒子",想到哪说到哪,这样就是"思路混乱、杂糅不清","杂糅不清"是开题报告中论文结构安排和论文初稿最容易出现的问题,需要引起研究生的高度重视。

---

① 高旺:《文科学生学位论文论证方法刍议》,《中国青年政治学院学报》,2008年第2期,第100页。

三、轻重平衡

轻重平衡即论文主体部分各章节内容体量大致均衡而又重点突出。经过精心打磨的论文架构,应该主题突出、线索清晰,各章节之间的逻辑关系一目了然,且各章节在篇幅上保持大致的平衡,没有逻辑的混乱,也没有畸轻畸重之偏颇。这里应明确以下两个问题。

首先,论文结构应遵循平衡的原则,即论文核心各章篇幅应大致相等,每一章中,各节篇幅也应大致相等。论文结构的不完美,反映的是论文内容的不完美。结构的完美与内容的完美是一致的。如果出现个别章节篇幅严重失衡,就要考虑合并或分拆,甚至要重新考虑章与章或节与节之间的逻辑关系。同时,过于冗长的表格或其他引用文献,甚至稍为偏离主题但有时又是必不可少的交待或说明,置于正文中,显得累赘,置于脚注和尾注,又嫌太长。在这种情况下,将其置于附录,应是明智之举。① 新闻传播学硕士学位论文的篇幅一般4~6万字,主体部分一般3~4章,每章2~3节。论文出现"结构失衡"常表现为某一章内容或某一部分内容与论文同类内容相比较文字过少,这种情况一般要考虑合并章节甚至是完全删除。

其次,论文要重点突出呈现问题意识的章节。四平八稳、面面俱到、蜻蜓点水的论文肯定不会是优秀论文。优秀的论文,主体部分要用足"火力",集中笔墨阐释、分析、探究主要问题,通过有效论证展示解决问题的过程。中国古语云"伤其十指不如断其一指""一剑封喉""打蛇打七寸",这些话语体现在论文写作的结构安排中,就是要抓住论文研究问题的关键和核心,将其作为论文的重点、亮点凸现出来而不是在面面俱到、蜻蜓点水的陈述中将其"淹没"。大多数硕士学位论文的主体部分分为三章,其中第一章多是对研究问题相关概念、背景(语境)、理论研究、历史发展与现状的"陈述",第二章、第三章是对研究问题的理论阐释,从文章结构布局看,第二章、第三章是全文的重点也是亮点。但是,我们看到的论文却常会出现"虎头蛇尾"的情况,文章将大量的笔墨放在了绪论和第一章,而本应是重点的第二章、第三章却语焉不详,特别是最后一章经常是草草收场,甚至只有节没有目或者只有目没有节,与前文体例都不一样。正如前文一位新闻学教授所言,"……目录中找不到关于研究核心问题的章节。如果深入到具体的行文,关于研究问题的提出或许还是能够找到蛛丝马迹,但常

---

① 曹树基:《学位论文的性质、内容与形式》,《社会科学论坛》,2005年第10期,第75—76页。

常不过一两百字,有时候可能就是陈述句后面加个问号,有时候甚至连问号都找不到。所谓的研究问题,常常被偷梁换柱为研究对象或者研究内容,而并非是对具体问题的讨论……"。① 究其原因,一方面,是初次写作"大体量"论文的学生对学位论文写作章法掌握不熟,对本不是论文核心部分的内容用力很猛,占用时间过多,但到了论文提交截止时间前不久才开始论文核心部分的写作,只能草草收场;另一方面,也是最根本的原因,论文的核心部分即呈现问题意识的章节是需要集中论证的章节,研究与写作难度较大,面对"堵点",有的研究生不是望而生畏就是无从下笔。但是,任何一篇学位论文,如果在需要突出呈现问题意识的章节不能够充分展开,都是论文的重大败笔,这样的论文轻则会被降级评价,重则会被评定为不合格。

四、格式统一

格式统一是指各章、节、目标题应当尽量对仗工整、长短协调、风格统一。这既是从文字表达美学风格角度提出的要求,也是保证论文易读性、可读性的要求。对论文章、节、目标题格式统一的要求是相对的,而不是绝对的,即不能要求其完全一致,而是总体上风格统一。学位论文都有目录,论文开题时也要求列出论文框架,通览目录、论文框架就可以看出各章节目标题风格是否统一。上文提到的学位论文《表征与建构:偶像团体养成类节目奇观研究》,其章节标题就基本上做到了对仗工整、长短协调、风格统一,这样的标题、目录也更易读、可读,能够帮助我们更为顺畅地理解论文的研究思路与章法。

下面,我们以学位论文《新世纪以来国产动漫哪吒新形象建构的文化解读》②为例,分析论文章、节、目标题如何尽量做到风格统一。

第一章 哪吒形象流变

第一节 哪吒形象来源及其在中国传统文化中的表征

一、哪吒形象来源

二、哪吒形象在中国传统文化中的表征

(一)佛教神坛:护世惩恶

(二)走向民间:反抗权势

---

① 朱春阳:《有效呈现问题意识》,《新闻大学》,2022年第7期,卷首语。
② 马小梅:《新世纪以来国产动漫哪吒新形象建构的文化解读》,宁夏大学硕士学位论文,2021年。

(三)家庭伦理:父权禁锢

第二节 哪吒形象在媒介传播中的流变

一、文学作品中的哪吒形象

二、影视作品中的哪吒形象

第三节 新世纪以来哪吒题材国产动漫

一、新世纪以来国产动漫民族元素题材作品的复兴

二、新世纪以来国产动漫哪吒题材的两部力作

(一)《十万个冷笑话系列》

1.借势传播:互联网平台之风

2.吐槽文化:核心内容打造

(二)《哪吒之魔童降世》

1.颠覆与创新:新瓶装新酒

2.现实与映射:照进人心的情感

3.命运与转折:我命由我不由天

第二章 新世纪以来国产动漫中哪吒新形象建构

第一节 青年亚文化视角下的哪吒新形象

一、正邪、爱恨、生死:对抗中的人神蜕变

(一)正与邪的较量:双面哪吒

(二)爱与恨的羁绊:坎坷成长

(三)生与死的轮回:人神蜕变

二、风格、仪式、意识:"异类"的趋求认同与群体包容

(一)风格:塑造"异质"的方式

(二)仪式:建构认同的途径

(三)意识:"异类"的趋求认同

第二节 符号学视角下的哪吒新形象

一、语音符号下的哪吒形象新表达

(一)语言:网络语言的融入

(二)音乐:氛围喜感

二、行为符号下的哪吒形象新表达

(一)哪吒体态之奇

(二)哪吒举止设定

(三)哪吒神态之新

三、视觉符号下的哪吒形象新表达

(一)图案之新

(二)色彩之异

第三节 新世纪以来国产动漫哪吒新形象特征

一、形象变迁：内形象与外展示的矛盾协调

(一)矛盾

(二)协调

二、道德恐慌：拒绝/接受设定标签与流言的袭击

(一)重新设定形象

(二)展示流言形象

三、情感希冀：自我与他人关系的转换寄托

(一)父子情：隐秘的守护之爱

(二)朋友情：异类间的相互慰藉

第三章 国产动漫哪吒新形象建构的文化解读

第一节 哪吒新形象"叛逆"之"新"

一、新仪式反抗：自我与他我的对抗

(1)自我的超脱

(2)他我的规束

(3)自我与他我的对抗

二、新形象颠覆：风格的突破与重构

(1)风格的突破

(2)元素的重构

(3)神与形合一

第二节 哪吒新形象"象征意义"之"新"

一、民与子：弱君臣、强民民

(1)为子者孝

(2)为民者义

(3)弱君臣、强民民

二、神与人：天命与己命英雄

(1)神造英雄

（2）已命英雄

三、圣与魔：理智与破坏的结合

（1）妖魔化：丑陋的妖物

（2）神圣化：救世的英雄

第三节　新世纪国产动漫中哪吒新形象建构的促动因素

一、文化与家庭结构的变迁

（一）自由与平等观念的普及

（二）个体家庭结构的变迁

二、市场与受众的影响

（一）动漫受众由低龄人群向成人转变

（二）市场青睐边缘性题材

（三）市场民族品牌的内容建设

　　《新世纪以来国产动漫哪吒新形象建构的文化解读》在分析哪吒形象来源、其在中国传统文化中的表征以及哪吒形象在媒介传播中流变的基础上，以青年亚文化和符号学为理论视角，通过比较分析和文本分析，探究新世纪以来以哪吒为主题的动漫作品《十万个冷笑话之哪吒篇》和《哪吒之魔童降世》中哪吒人物新形象演变表征及影响因素。论文认为，新世纪以来国产动漫中的哪吒新形象，紧密地连接了当代青年的群体符号，是兼具正邪、爱恨、生死的复杂人物形象，对于独特风格与仪式的追求实质是"异类"群体趋求认同的表现，新世纪以来的哪吒主题国产动漫善于通过主流意识与商业观的融合塑造实现自我与他我的对抗、风格的突破与重构。同时，哪吒新形象演变的主要原因包括文化与家庭结构的变迁、融媒合作、动漫全龄化以及民族内容品牌的目标建立。

　　我们完整地列出了这篇论文主体部分章、节、目的所有标题。从标题格式的美学风格上看，作者通过精心打磨，做到了各部分标题对仗工整、长短协调、风格统一。例如，大部分章、节的标题均为偏正式短语，简洁明了，均为直接陈述式短语，而不是直接陈述式、隐喻式、提问式、短句式等多语态混合使用；大部分节以下的标题使用了"X：X"（例如，正与邪的较量：双面哪吒）格式，且每一节内的标题对仗工整、字数一致。这样统一的标题格式既呈现出了作者较为清晰的论证思路，也便于阅读者理解论文内容。当然，决定论文价值的核心要素主要是问题意识与论证等"内容"要素，但是"形式"要素也不容小觑，如果一篇论文尽管问题意识明确、观点新颖、论证有力，但格式混乱，也会大为降低论文的整体价值。

第二节　层层剥笋：硕士学位论文的论证逻辑与方法

学位论文呈现出的是研究者解决特定研究问题的思维方法和过程。这个"过程"是"论证"的过程，是论文作者通过层层剥笋直抵研究问题，以证（据）示人、以理服人能力的体现。学术论文以论证为主要表达方式，它的理论性，体现在概念、判断等组成的推理体系上，也体现在论证过程的表达形态上。没有深透的论证过程，就不会有理论性，唯有通过深透的论证，学术论文才有可能上升到理论的高度。

一、学位论文论证应具有的四种意识

首先，论证意识。

既然是论证，为什么还要提论证意识？这是不是不符合逻辑的同语反复？我们强调，学位论文论证应具有的重要意识，第一条就是论证意识，是因为缺失论证、弱化论证、以陈述代替论证的情况在硕士学位论文中经常出现。由此，论文沦为"说明书"，论文的写法主要是"陈述""说明"而不是"论证"，论文文本的主要篇幅在"罗列现象、事实和文本"，而不是阐释、剖析研究问题。因此，牢记学位论文的主体、重点和亮点是"论证""阐释""说理"，论证意识应是与问题意识并列的做好学位论文的基本观念，这对于初次进入学位论文研究写作的研究生尤为重要。

其次，我们还应该明确，学位论文的"论证"与一般意义上的"议论"是有区别的。在我国中学语文教学中，从高中阶段开始，议论文成为作文训练的重点，高考作文体裁也以议论文为主体，所有通过高考进入高校学习的人对议论文都不会陌生。那么，学位论文是否和议论文完全一样呢？学位论文的论证是否就是议论文中的"议论"呢？它们有共性但亦有区别，我们不能简单地完全用议论文中的"议论"方式方法来进行学位论文的"论证"。一是，学位论文的论证要有相对的客观性，而不能像一般议论文那样"直抒胸臆"地表达观点、带有强烈个人情感地表达观点，论文一般不能用第一人称"我"，论文论证也一般不用强烈情感色彩的词语、标点符号（如叹号等）和修辞格；二是，学位论文的论证更强调"有据而论"。所谓论证，就是以论据论证观点，以求得他人的信服。学术观点都必须有论据的支持。论据是为证明论点而准备的证据材料，它包括实证调查的数据和统计资料、事实材料、观察体验材料、引证文献材料、权

威专家的学术观点等。"有一分材料,说一分话",这是学术论文论证的基本要求,议论文的议论也要讲论证,但由于其体裁、语言并没有像学术论文那样的科学性、客观性(文科论文一般是相对的客观性)要求,所以议论文的"议论"对论证材料相关属性的要求并不是特别明确。

其次,概念意识。

所谓概念意识,就是学位论文的论证要建立在对核心概念的准确界定基础上,论文语言使用的概念特别是学术概念应是学术共同体确认并共同使用的概念。论证是运用概念、判断进行推理的过程,对于同一个事物、观念、现象,对其界定的概念不同,形成的判断就会不同,在此基础上进行推理生成的结论自然迥异。所谓"公说公有理,婆说婆有理",如果争论的基础——概念都不在同一个定义域内,就无法进行学术对话。学位论文论证要具有概念意识要求我们要注意以下三个方面。

一是要准确界定论文的核心概念。论文的核心概念是指针对论文研究问题、研究对象的概念,它一般是论文题目的重心,也是论文关键词中最重要的词语。针对论文研究问题的核心概念是论文研究阐释的对象,是对论文问题意识高度概括的话语表达;针对论文研究对象的概念,是对论文研究对象内涵、外延、范围的界定。例如学位论文《新世纪以来军事题材电视剧青春偶像化研究》,核心概念是研究问题层面的"青春偶像化"和研究对象层面的"军事题材电视剧"。论文对"青春偶像化"的界定是:"……事实上,军事题材电视剧青春偶像化也可从偶像崇拜之中寻找到契合点。军事题材电视剧青春偶像化在学术界没有相关概念的阐释,它只是一个现象。笔者认为,军事题材电视剧青春偶像化所具有的特质有以下三个方面:第一,具有青春的浪漫爱情故事;第二,具有历史纵深感的宏大叙事,凸显青春特质;第三,偶像具有平民化、多元化特质。"论文对"军事题材电视剧"的界定是:"……描述战争、军队或军人生活的电视剧。"[1]对论文核心概念的界定,可以在论文绪论中专门陈述,也可以放在论文主体部分陈述,作为论证的基础,这一部分内容绝对不能缺失,也不能含糊其辞,否则后续论证就会无从下手,即便"下手",也很可能会逻辑混乱。

二是对论文核心概念的界定要遵从"首选经典表述,自我诠释次之,总体上自圆其说"的原则。文科硕士学位论文核心概念的来源不外乎三种情况:经典概念表述、论文作者对已有概念的诠释、论文作者原创。我们应遵循的原则应是首选学界公认

---

[1] 张洁龙:《新世纪以来中国军事题材电视剧青春偶像化研究》,宁夏大学硕士学位论文,2015年。

的经典表述,其次是对文献中已有概念进行思辨分析后生成的诠释性表述,但必须能够在逻辑上自圆其说。在实践中,论文核心概念界定较为常见的情况是论文作者对已有概念进行思辨分析后生成的诠释性表述。这是因为,学位论文选题的创新性、前沿性要求决定了论文的研究问题是新问题、研究对象正处于发展变化之中或是时代赋予其新的内涵。从已有文献中较难找到对它们的准确的、权威的概念界定,而只能找到对它们现象层面、操作层面、特定历史层面的表述。这就需要论文作者综合文献中已有概念并对其进行分析、批判,进而得到能够对研究问题、研究对象作出全面描述的概念,我们把它称为诠释性表述概念。对论文核心概念作出诠释,是论文立论、论证的基础,也是论证的起点。此外,还有一种情况,是高水准、高质量学术论文会面临的情况,论文研究问题的核心概念完全是论文作者自己提出的原创性概念,论文的主体部分就是对这一概念的阐释研究,论文的价值主要体现在对新概念的建构上,这种类型的论文,核心概念已经不是论文论证的基础而是研究的对象和问题。我们期待新闻传播学领域能够出现更多此类选题的论文,这类论文对于提升新闻传播学的学科水平具有重要的推动作用。

三是要准确使用学术术语。学位论文是学术性应用文本,而不是随笔、日记、微信朋友圈(微博)发言等一般日常个人文本,要准确规范地使用学术术语。学术术语主要是各学科通用的概念、短语,它们构成了各学科基本理论话语。只有准确使用术语,学位论文才能与学术共同体对话,学术共同体正是因为共享了共同的学术术语、研究范式、基本理论才能够存在,如果学位论文使用的学术术语不规范,就不能同学术共同体形成对话。此外,对于由于论证需要必须要使用的外文、繁体字、生僻字、方言、网络新词等,要通过注释、说明等方式作出解释。例如,在一些网络文化研究论文中,出现了"名场面""服化道"这样的词语,虽然它们在网络传播中已被广泛使用,但尚未被收入现代汉语词典成为规范汉字,不经常观看网剧、网络综艺节目的人对这些词语也不熟悉,论文中如果出现了此类文字,应该对其注释。

再次,对话意识。

对话意识,是指论文在论证中不能自说自话,要有与文献资料和论文相反观点交流对话的意识。学位论文写作中,作者既要正面阐述自己的观点,也要与他者、自己进行自觉的对话。其中的道理在于,一方面任何说者本人在某种程度上也是应答者;另一方面,研究生学位论文的写作也不可能是前无古人的全新原创,即使是全新原创,也需相互比较与验证,尤其是人文社会科学学位论文的写作更多的时候只是"接着说"或"重新说"。① 中国古语云"三人行必有我师",对话,意味着以开放而非封闭的姿态与他人进行交流,学位论文以对话意识开展论证,意味着我们可以吸收他人对于论文研究问题的观点,避免自说自话、强词夺理,增强论证的深度、广度、效度。一方面,学位论文在论证中要与文献对话,学位论文必须要有足够的论据来支撑论点,有效的旁征博引、多方佐证肯定要比作者只陈述、论证个人观点更具说服力,而旁征博引、多方佐证本身也是一个与文献对话的过程;另一方面,学位论文在论证中要与相反观点对话,在论证自己观点的同时,心中还要有"假想敌",即要思考与论文观点相对立的观点是什么,别人会如何反驳你的观点,通过这样的对话,就能做到"知己知彼,百战不殆"。

最后,逻辑意识。

逻辑意识,就是论文论证必须要建立在逻辑思维的基础之上。著名语言学家王力教授认为,撰写论文,第一也是最重要的一点,就是要运用逻辑思维,如果没有科学头脑,就写不出科学论文。所谓科学头脑,也就是逻辑的头脑。② 学位论文论证的逻辑意识,主要体现为以下方面:一是论文研究问题的核心概念界定清晰,内涵能够自圆其说、表述准确而不含糊其辞,外延有相对明确的范围界限;二是合理运用基于逻辑思维的论证方法;三是论点及分论点自身表述准确,分论点之间逻辑自洽,能够共同支撑论点;四是论据及引证的材料、数据等真实可靠,经得起质疑和检验;五是论点和论据能够有机结合,而不是生搬硬套,更不是各自罗列的"两张皮";六是论文案例选择要有典型性、代表性,能够在逻辑上、事理上从"个别"推论出"一般"。

有学者以教育学学位论文为例,总结了学位论文逻辑思维实践的流程,即观点的论证通过核心概念的界定来澄清言说的逻辑起点,再从核心概念这一逻辑起点出发推导出全部的观点命题。各观点命题之间的一致性则表现为一旦承认了其前提,也就不得不承认其结论。从论证上看,在核心概念界定的基础上,要阐述一个中心观点,并用这个中心观点统领全文,而各分观点则围绕着这一中心观点而开展,各分观点无论是并列,还是递进,抑或综合,皆需层次分明、不交叉与重复。从回答问题来看,观点论证主要回答三个问题:"是什么""为什么"与"如何做"。"是什么"通过界定核心概念来解决,"为什么"通过搞清楚各概念之间的逻辑关系而形成判断、命题来解

---

① 李润洲:《研究生学位论文写作的论证意识——一种教育学的视角》,《学位与研究生教育》,2018年第3期,第19页。
② 王力:《谈谈写论文》,《怎样写学术论文》第5页,北京大学出版社,1981年版。

决,"如何做"则根据索因求果、逻辑地推导出掌控某事物或现象的构想。①

二、论文基于逻辑思维的论证方法

从逻辑思维的角度看,论文论证过程就是通过概念、判断、推理,将论据组织起来,使其具有系统性、逻辑性,从已知观点和事实推导出未知的认识的思维方式。论文中的逻辑论证,包括三段论(大前提、小前提和结论)、归纳论证(从个别到一般)和定量论证,也就是演绎逻辑、归纳逻辑和数理逻辑等形式。

基于逻辑思维的论证方法,主要有分析法、比较法、引证法、例证法等。其中,分析法和比较法既是架构论文整体结构的常用方法也是论文具体论证的方法,引证法和例证法主要是论文具体论证的方法。

分析法,是将事物的整体分解为部分,对所包含的事理进行分析,揭示其内在的结构与本质及其逻辑联系,使论点得到证明和深化的论证方法。分析法是文科学位论文架构论文整体结构最常见的方法,大多数以定性研究为主要方法的文科论文主要采用分析法架构论文的整体结构。

比较法通常运用的逻辑思维有求异思维、求同思维。作为具体论证的方法,比较法运用与论题同类、相似、相近或相对的事物或观点作论据,通过比较说理,证实或证伪论点。作为架构论文整体结构的方法,比较法较多采用求异思维,通过对比来阐释研究问题。

引证法是引用被实践证明的科学原理、定义、定律、尽人皆知的常理,以及学科经典著述等作论据来直接证明论点的论证方法。引证法常用直接证明、间接证明、归纳推理、演绎推理和引申推理等逻辑思维方式。有学者根据多年论文评阅的经验,发现一些学位论文在引证方面做得不是很好,主要表现在:(1)论据少,不具有典型性;(2)论据不能证明论点;(3)引证往往曲解原作者的本意;(4)为了自己的观点,甚至伪造证据;(5)论据堆砌,没有内在联系,给人以文章杂乱无章的感觉等。归结其原因,主要是由于缺乏实事求是的精神,资料准备不够,没有认真读解、消化资料,先有观点后寻求证据等。② 上述问题应引起我们的足够重视。

---

① 李润洲:《研究生学位论文写作的论证意识——一种教育学的视角》,《学位与研究生教育》,2018年第3期,第23页。
② 高旺:《文科学生学位论文论证方法刍议》,《中国青年政治学院学报》,2008年第2期,第101页。

例证法是以客观事实、实验结果、统计结果、照片图表等作为论据以证明论点的论证方法。例证法属归纳推理的逻辑思维过程，是由个别（论据）到一般（论点）的逻辑推理过程。新闻传播学硕士学位论文中有部分论文的题目是《XX 研究——以 YY 为例》，这类论文实际上是以例证法作为论文的主要研究方法，论文的主体在研究"YY"，但论文的主标题却是"XX 研究"，这种选题及其研究方法、论证方法的运用常会引起争议，需要作更周全的考虑。

第八章 严平庄雅:硕士论文的语言规范与各部分内容写作

学位论文是用规范的学术语言写作的书面应用型文体。与文学语言、新闻语言、公文语言等文体语言相比,学术论文语言有其自身的特点和规定性,同时,优秀的、游刃有余的学术论文语言,特别是人文社会学科论文语言,又需要在表达规范、科学的基础上具有一定的文采,一篇优秀的文科硕士学位论文,应该文约而事丰、严实而形象,既有逻辑严密的理论论证,又在炼字用词上准确形象、语言表达上严平庄雅。

第一节 学位论文语言表达的基本要求与常见问题

硕士学位论文的基本特征决定了其语言表达应符合客观中立、准确严谨、简明清晰、规范专业四个方面的要求,下面我们结合文科学位论文语言表达的常见问题对上述要求展开分析。

一、准确严谨

学位论文要使用准确、严谨的语言来表达研究内容和观点,避免使用含糊不清、模棱两可的词汇或过于主观的言辞,确保使用的术语、概念和表述方式符合学术规范。学术论文语言表达的准确性是以客观性和真实性为基础的。从狭义来讲,是指用字用词、计量单位、公式等语言符号的准确、客观、真实;从广义上来说,则是指文本语言在整体上力求概念明晰、判断准确、逻辑推理严密、语法合乎规范、结论鲜明。① 具体说,新闻传播学学位论文语言表达的准确严谨应注意以下三个方面。

首先,要严谨规范地使用现代汉语书面语。学位论文是用规范的学术语言写作

---

① 李建军:《论学术论文语言美的特征》,《东疆学刊》,2010年第4期,第55页。

的应用型文体,规范的学术语言是以特定学科概念、术语、理论为基础,运用现代汉语书面语进行逻辑化表达的语言。这就要求我们在论文写作中要掌握学术语言表达的语体风格,避免口语化、随意化。例如,论文写作中要规范使用简称,文中表达的事物或现象第一次出现时要用全称(在全称后以括号形式注明简称,后面用简称);又如,对于方言、俗语、俚语、外来语、行话、网络用语等,学位论文可以出现上述言语,但应该以注释等方式给予说明。同时,论文语言要符合现代汉语语法规范,最大限度地减少病句、错字、别字。

其次,准确规范地使用学术概念、学术术语。规范的新闻传播学的学术概念、学术术语是在权威的学科教材、学术著作以及公开出版的高质量学术期刊文献中使用的概念、术语,学术共同体对其表述已形成共识或约定俗成,学术论文中对学术概念、术语内涵的表述应引用权威著述或《辞海》《新闻学大辞典》[①]《新闻传播学大辞典》[②]辞书。对于新近出现的事物、现象的概念命名和新闻传播业务的新术语等,应该以学术期刊论文中的表述或业界公开的称谓为依据。需要指出,学位论文要尽量不使用、少使用维基百科、百度百科等互联网资源中对概念术语的内涵表述,除非在权威著述中无法找到对特定概念的记述,而将互联网资源中的概念表述作为参考性表达。

再次,除非有权威的、令人信服的文献来源,学位论文原则上不能作出极端性评价。所谓极端性评价,就是用"最""第一""首个"等表示最高级或最低级的词语来评价某个事物或现象。极端性评价具有鲜明的排他性,除非在权威的、令人信服的文献中能够找到依据,且论文作者通过文献比较、考察分析能够判断出评价的合理性,论文才可以引用这一评价并注明评价来源,否则,学位论文作者不能仅凭借个人的认识对某个事物或现象给予极端性评价。

二、客观中立

学位论文应保持客观和中立的态度,避免使用主观情感色彩过浓的表述方式。在论证、描述研究结果和结论时,应注重事实和证据,不夸大其词或过度渲染。更为准确地讲,相较于自然科学论文,人文社会科学论文在研究立场和语言表达上的"客观中立"是相对的而不是绝对的,这是由人文社会科学的研究对象和研究旨趣所决定

[①] 甘惜分:《新闻学大辞典》,河南人民出版社,1993年版。
[②] 童兵,陈绚:《新闻传播学大辞典》,中国大百科全书出版社,2014年版。

的。在政治立场、道德评价上,我们当然坚持以马克思主义理论为指导,站稳人民立场,褒扬真善美、鞭挞假恶丑,而不能在政治立场上模棱两可,不分是非、不辨黑白,但学位论文的基本特征和文体特征又决定了其态度表达只能在理性地讲道理——论证中呈现,而不能像文学艺术那样呐喊怒吼、像新闻评论那样直抒胸臆。"动之以情、晓之以理"当然是有效论证说理的最佳组合方式,但是文科学位论文的论证说理方式主要是"晓之以理","动之以情"只能在"摆事实"中通过对客观事实的陈述隐晦地呈现。具体说,新闻传播学学位论文语言表达的客观中立应注意以下五个方面。

第一,论文原则上不使用第一人称"我"进行陈述和论证,涉及到需要交代论文作者为观点来源时,一般使用"笔者认为""本文认为"或"我们认为",而且,应尽量通过安排行文逻辑来减少"笔者认为""本文认为"或"我们认为"等语言表达。

第二,通过文中交代或注释的形式,说明观点的来源、引证材料的来源,以表明论文的客观中立。论文中凡没有交代或注释来源的观点,均会被认为是论文作者的观点。因此,注明观点、材料来源,既是论文语言表达客观中立的要求,也是学术规范"不剽窃他人成果"的要求。在新闻传播学学位论文中,常会有介绍研究对象基本情况的文字,其中涉及对研究对象的评价部分,应该引用权威的、有说服力的信息来源并注明出处,论文作者不能仅依据个人经验作出主观评价。例如,某论文研究对象为某新闻脱口秀节目,论文肯定要对这一节目基本情况进行陈述性说明,文中出现了"该节目在同类型节目中收视率名列前茅、屡创第一""有著名学者认为该节目为华语新闻脱口节目的顶峰"等话语,但既没有明确的数据、"著名学者"评价的原话,也没有交代材料的来源,在论文评审中就成为了"硬伤"。

第三,论证或引证具有鲜明争议性的观点,应列出对立双方观点或多方观点。越是具有争议性的问题、引发学术争鸣甚至是论战的问题,其研究价值越高。同时,论文研究问题是在社会中引发热议并产生多元观点的社会问题,其研究的现实意义越强。学位论文对上述问题展开研究,不能戴着有色眼镜"观点先行",而要在列出对立双方观点或多方观点的基础上直面矛盾、分析洞察矛盾产生的原因与社会影响,进而表达自己的观点看法。

第四,原则上不用具有强烈个人主观色彩的语言和具有感情色彩的标点符号。具有强烈个人主观色彩的语言,在个人日记、随笔、文学作品、评论及个人社交媒体中较为常见,这样的文字主要用于表达个人观点、抒发个人情感,有较为强烈的个人感情色彩,学术论文在陈述和论证中要避免使用此类语言。同时,叹号、问号(!?),以及组合使用的"??""???""!!""!!!"等标点符号,是带有强烈感情色彩的标点符号,学术论文中原则上不用。

第五,少用、慎用形容词。在论文写作中,应该尽可能减少形容词的使用,而是通过具体的语言来陈述和论证。因为形容词一般带有主观色彩和模糊性,可能会影响读者对论文内容的理解。应用型文体一般都会要求少用、慎用形容词。例如,公文、新闻、说明书等。与自然科学论文相比,文科论文对使用形容词的限制要相对弱一些,但依然提倡用具体的语言——具体的数据、细节、具象化的情节陈述、具体的情况陈述、有相对确定意义而非模糊意义的词汇、引证的材料和观点——来进行陈述和论证。

三、简明清晰

学位论文应使用简明扼要、清晰明了的表达方式,避免使用过于复杂的句子结构或晦涩难懂的词语。同时,应注重篇章结构和条理性,确保论文内容能够容易被读者理解和接受。具体说,新闻传播学学位论文语言表达的简明清晰应注意以下三个方面。

首先,要通过简明扼要、清晰明了的表达方式保证论文易读。毋庸讳言,大多数学位论文是"烧脑子"的,但优秀学位论文"烧脑子"的原因主要是学问高深、理论深奥,而平庸学位论文"烧脑子"的原因一般是词语难懂、句式复杂——用佶屈聱牙、艰深晦涩的语言论证一个本是浅显易懂的道理。简明扼要、清晰明了的表达方式是保证论文易读的重要基础,论文写作要尽量避免使用复杂的句式和难懂的词汇,善于用简单的语言和常用的词汇来表达观点和结论;使用生动的例子增加论文的可读性,使抽象的理论具体化,帮助读者更好地理解;要明确文章的重点和难点,并在文章中突出显示,以便读者能够快速地找到关键信息。

其次,要条理清晰,避免杂糅。一般地,学位论文应以类似"一、(一)、第一、首先"这样的逻辑结构展开陈述和论证,否则,论文就会杂糅一团,需要读者自己去分析解读论文的层次结构、论证逻辑。同时,陈述与论证思维不清,也会造成论文杂糅不清,即论文表达某一部分、段落时没有思路,想到哪说到哪,东一榔头、西一棒子,或是质量更差的论文为了凑字数而"豆腐三碗,三碗豆腐"式地"灌水充数"。上述情况是被判定为"不合格"论文的常见原因之一。

再次,要注意篇章结构的过渡衔接。论文的过渡与衔接是保证论文整体性和连贯性的重要因素。在写作过程中应注意使用过渡词或短语、使用转折词、提示前文内容、总结前文内容和承上启下的句子等方法,以增强文章的连贯性和整体性,让读者更好地理解作者的思路。使用过渡词或短语,可以使用一些过渡词或短语来连接上下文,例如"此外""另外""然后"等,这些词或短语可以引导读者更好地理解文章的思路和结构;使用转折词,可以使用一些转折词来表达相反的观点或对比关系,例如"但是""然而""尽管如此"等;提示前文内容,在引用前文内容时,可以使用"之前已经提到过""之前的研究表明"等语句来连接上下文;总结前文内容,在引入新的内容之前,可以使用简短的语句来总结前文内容,帮助读者更好地理解上下文关系;使用承上启下的句子,可以使用一些承上启下的句子来连接上下文,例如"综上所述""接下来我们将探讨"等,这些句子可以帮助读者更好地理解文章的思路和结构。

需要强调,在每一章节的起始部分,应有一个承上启下的段落,如有必要,每一章节的结束部分,应有一个对本章节内容的总结性段落。一般地,每一章节的起始部分承上启下的段落是不可缺少的。

四、规范专业

学位论文应遵循学术惯例和规范,严格按照学位授予单位的学位论文体例、格式要求安排论文的整体体例、排版。同时,应注意标点符号、引文注释、图表、公式等细节问题,确保论文的规范性和专业性。具体说,新闻传播学学位论文语言表达的规范专业应注意以下四个方面。

首先,要认真学习、严格执行学位授予单位的学位论文体例、格式要求。学位论文一般由封面、独创性声明及版权授权书、中文摘要、英文摘要、关键词、目录、引言(第一章)、正文、结论(或结语,最后一章)、注释、参考文献、附录、谢辞和作者简历及论文发表情况等部分组成并按前后顺序排列,不同学位授予单位的学位论文体例会略有差别,排版格式具体要求各异。例如,有的高校中文摘要限定字数 1000 字以内,谢辞不限字数,而有的高校中文摘要限定字数 500 字以内,谢辞限定字数 800 字以内,不同高校对学位论文注释、参考文献标注格式要求也有显著不同。研究生要认真学习学位授予单位的学位论文体例、格式要求,阅读已授予学位的学位论文的体例、排版范例,严格执行相关规范。

其次,要重视引文注释和参考文献规范。注释和参考文献是学位论文的重要组成部分,其质量和标注格式规范程度是论文评阅的重要指标,但也是"学术小白"比较容易忽视的部分。关于文科硕士论文引文注释和参考文献规范应注意的问题,我们在下节详述。

再次,要注意表格、插图、图例的规范。首先要明确,论文中出现的所有表格、插图、图例都应该有题头和编号(例如,表2—1近30年来《人民日报》头版新闻题材抽样统计表)、在文中有陈述(例如,见表2—1、见图1—3),题头应该简明扼要、准确清晰地表达表图的内容,且表图内容与论文陈述内容一致,不能出现表图孤立存在而文中没有陈述,或者是根据文中陈述找不到对应表图的情况。论文引用表格或插图时,应该注明出处,并且要遵守相关的引用规范。

最后,要重视标点符号细节问题。作为一项国家标准,《标点符号用法》明确规定了标点符号的使用规范。文科硕士论文较常使用的标点符号有逗号、顿号、分号、句号、问号、省略号、破折号、引号(双引号和单引号)、书名号(单书名号)、问号、着重号、连接号等。文科学位论文标点符号使用的常见问题和注意事项主要有①以下方面。

一逗到底。即全文几乎不使用顿号、分号等,而代之以逗号,最终以句号结尾。

半角、全角标点符号混用。全角符号是占据两个标准的字符位置,而半角符号占据一个标准的字符位置,所以全角符号要比半角符号宽一倍,显得比较大,半角、全角标点符号混用,不仅在视觉效果上不美观,也是论文作者不够严谨规范的表现。

不区分单双引号、单双书名号。引号的形式有双引号("")和单引号('')两种。如果所引的话中又包含有引用的话,则要采用外双内单的办法,即外面一层用双引号,里面一层用单引号。同样,书名号分为双书名号(《》)和单书名号(〈〉)两种,书名号里还有书名号时,外面一层用双书名号,里面一层用单书名号。例如,《教育部关于提请审议〈高等教育自学考试试行办法〉的报告》。

连接号使用不规范。连接号的形式有短横线"-"、一字线"—"和浪纹线"～"三种:"-",形式像英文中的连字符,名为短横线;"—",长度是破折号的一半,占一个字的位置,因为其形式非常像汉字"一",故被称为一字线或一字横;"～",波浪线,常用在数字与数字之间,表示数值范围。

标示下列各种情况,均用短横线:表格、插图的编号(例如,参见下页表2—8、表2—9);连接号码,包括门牌号码、电话号码,以及用阿拉伯数字表示年月日等;在复合名词中起连接作用(例如,吐鲁番—哈密盆地);汉语拼音、外来语内部的分合(例如,盎格鲁—撒克逊人)。

标示下列各种情况,一般用一字线,有时也可用浪纹线:标示相关项目(如时间、

---

① 这一部分内容,部分引用了《标点符号用法》中示例。

地域等)的起止(示例1：沈括(1031—1095)，宋朝人。示例2：2011年2月3日—10日。示例3：北京—上海特别旅客快车)；标示数值范围(由阿拉伯数字或汉字数字构成)的起止。

此外，标有引号的并列成分之间、标有书名号的并列成分之间通常不用顿号。若有其他成分插在并列的引号之间或并列的书名号之间(如引语或书名号之后还有括注)，宜用顿号。

示例1："日""月"构成"明"字。

示例2：店里挂着"顾客就是上帝""质量就是生命"等横幅。

示例3：《红楼梦》《三国演义》《西游记》《水浒传》，是我国长篇小说的四大名著。

示例4：李白的"白发三千丈"(《秋浦歌》)、"朝如青丝暮成雪"(《将进酒》)都是脍炙人口的诗句。

示例5：办公室里订有《人民日报》(海外版)、《光明日报》和《时代周刊》等报刊。

还有，在书写带月、日的事件、节日或其他特定意义的短语(含简称)时，通常只标引其中的月和日；需要突出和强调该事件或节日本身时，也可连同事件或节日一起标引。

示例1："5·12"汶川大地震

示例2："五四"以来的话剧，是我国戏剧中的新形式。

示例3：纪念"五四运动"90周年

第二节　学位论文各部分内容写作

这一节我们主要探讨论文题目、摘要、关键词、绪论中的引言、研究意义、结论(结语)、注释与参考文献、附录写作中应注意的主要问题。

一、论文题目

论文题目是经过论文选题，在文献调研和文献综述的基础上，综合考虑理论视角、文献情况、案例文本等要素，经过"确定研究方向和研究领域、逐步确定研究对象和研究问题、明确论文问题意识、确定论文选题"而形成的，这里我们主要从写作的角度探究学位论文题目应注意的问题。

首先,要明确论文题目的作用。论文题目的核心作用有两个:吸引读者注意、规定论文研究写作范围和重点。

一是吸引读者注意。"看人看脸,看文看题",所有的文章题目都有吸引读者注意、引起读者阅读兴趣的作用,更有甚者,某些商业色彩浓厚的文章还通过噱头、刺激性词汇等形式来吸引读者眼球,但这肯定是学位论文题目写作要反对和摈弃的方式。能够引起读者注意的优秀的论文题目应该是语言简约、清晰,能够以"题眼"凸显问题意识和研究价值的话语。因此,学位论文题目的"题眼"本质上说是论文问题意识的表达与呈现。学位论文的灵魂是问题意识,问题意识需要凝练概括成具体的话语,这一具体的话语又需要"提纯"为最好是一个词语或短语,这个词语或短语要能够成为论文题目中的被凸显的话语,这就是论文题目的"题眼"。学位论文题目能否吸引读者注意,决定因素就是是否有"题眼"、是否有准确形象地表达具有鲜明问题意识的"题眼"。

二是规定论文研究写作的范围和重点。"文题一致"是论文写作的基本要求。学位论文的题目除了要简明扼要、鲜明地表达问题意识,还是对论文研究写作范围和重点写作内容的规定。论文主体部分、重点部分必须要与论文题目一致,否则论文题目就有必要作出修改。例如,我们比较这两个论文题目《空间理论视域下乡土题材纪录片记忆叙事研究》《乡土题材纪录片记忆叙事的空间呈现研究》,乍一看,它们几乎是同一个题目,但仔细分析,前者的主体是"记忆叙事",后者的主体是"空间呈现"。如果二者作为确定的论文题目,前者论文的主体部分应该是研究"记忆叙事",空间理论只是其理论分析工具;后者论文的主体部分应该是"空间呈现",空间理论及其相关概念话语在文中应占据主体位置。因此,论文题目规定了论文研究写作的范围和重点。一般地,论文题目中的每一个具有实际意义的词语应分别成为论文主体部分"章"的题目的核心词语,即论文主体部分各章题目和内容应是对论文题目的分解。同时,要从语法逻辑上对论文题目进行分析并明确研究重点、落脚点,大多数论文题目为偏正结构短语,例如:XX 的 YY 研究;AA 视域下 XX 的 YY 研究,偏正短语由修饰语和中心语组成,其主体是中心语,即 XX 的 YY 研究、AA 视域下 XX 的 YY 研究的中的"YY",所以,"YY"应当成为论文研究写作的重点和落脚点。反之,如果论文的结构安排重心、写作重点和落脚点放在了 XX、AA 上,论文就在一定程度上偏题了。

其次,学位论文题目写作的要求与常见问题。

一是准确妥帖。所谓准确,主要是指题目要能概括文意,达到文题相符,题目在概括论文内容时不能失之过宽或过窄。同时,题目语言表达的语法符合规范、学术概念术语准确。所谓妥贴,就是要实事求是、恰如其分,即论文本身研究到什么范围、深入到何种程度,论文题目就反映到何种程度,作为硕士学位论文,题目中原则上不用"浅议""刍议"这样的词语。同时,慎重使用"XX研究——以YY为例",最好直接改成"YY的XX研究"。此外,论文题目不能与文内其他标题完全一样,论文题目与文内其他标题在逻辑上具有统属关系,是树干与枝杈的关系,如果出现文内其他标题与论文题目完全同一,就出现了逻辑错误。

二是简洁明了。所谓简洁,就是指语言的简明、洁净、精炼,题目的意义表达要直截了当、一语破的、一目了然。在此方面,应注意以下问题。

第一,要突出重点、凸显重点而不能面面俱到。论文题目可以包含的表意要素有研究对象、研究问题、研究方法、理论视角、主体案例等,但大多数高校学位论文体例格式要求中都对论文题目的字数有明确的限制(一般30个汉字左右),在这一范围内要想把上述要素全部囊入其中是不大可能的,那就要突出重点、凸显重点而不能面面俱到。

第二,除非有特别的立意表达需要,论文标题尽量使用实题,慎用虚题。论文的实题是以明确的概念、话语表述论文研究对象、研究问题的题目,如《被操纵的"惯常":算法推荐对新闻真实性消解的理论批判研究》;论文的虚题是指以抽象的或文学化的话语表达论文的研究价值、意义等的题目,如《却看云中苍穹:对智能传播时代新闻真实性研究》。我们认为,除了人文色彩非常厚重的选题和全篇文章具有特殊文采气息的论文,论文标题应尽量使用实题,少用慎用虚题。

第三,不要使用类似标语口号、公文题目式样的标题作论文题目。学术论文和公文、新闻、广告、评论性文章有显著的区别,其题目不适合使用上述文体样式的题目和类似标语口号的题目。例如《坚持新闻真实性原则打造区域性主流新媒体》《关于智能传播新闻真实性的几点认识》《扎实推进县级融媒体建设策略研究》等,我们并不认为上述题目没有研究意义与价值,而是认为,从学位论文基本特征的理论性、创新性、深度性、规范性要素考量,这些题目不适合做学位论文,而适合作为会议发言、公文、工作总结等题目。

第四,论文题目不应有注释和引文注释。论文题目的准确性、清晰性要求决定了题目中的概念、术语、词语都应该是有明确的内涵意义而不需要通过注释说明的。论文题目更不能引用他人文献,因此,论文题目不应有注释。在学术期刊、著作中,有的文章题目运用注释来致谢、标注资助项目、进行选题说明,但上述情况学位论文可以在绪论、谢辞中作出说明。

二、摘要

摘要是对论文的内容不加注释和评论的简短陈述,它是一篇完整的短文,可以独立使用,以便让读者用最少的时间获得论文的主要信息。摘要是硕士学位论文的重要组成部分,一般以同一文本分为中文摘要和英文摘要置于绪论之前。

有学者指出,摘要的核心要求有两点:一是尽量简洁,二是尽量全面。这两个要求看似矛盾,但事实上并非如此。"简洁"是要求摘要尽量围绕结论写,不能枝蔓旁生,要删除无关紧要的内容;"全面"是要求摘要尽量把与论文结论有关的核心论证和相关结论写明。[①]

学位论文摘要的写作要求和常见问题有以下三个方面。

首先,要按照完整的说明性短文的体例写作摘要。摘要是一篇章法完整的短文,其内容应包含论文的主要信息,其形式为说明性短文,可以独立使用,供文摘等二次文献采用。我们以硕士学位论文《狂欢理论视域下的抖音"神曲"短视频研究》的摘要为例,来分析摘要的写作。

以抖音为代表的移动音乐短视频应用快速崛起,捧红了众多洗脑"神曲",将广大民众卷入围观与创作"神曲"短视频的狂欢中。本文在运用巴赫金狂欢理论的基础上,采取内容分析和个案分析相结合的研究方法,选取了75首"神曲"和以这些"神曲"为背景音乐的225支短视频为研究对象,对抖音平台上"神曲"短视频的内容特征和呈现的狂欢特质进行研究,尝试挖掘其背后的社会动因,并以辨证的眼光对该狂欢现象加以评判。研究发现:"神曲"短视频主题丰富多元,短视频扩展了"神曲"的七种主题,形成技艺、爱情、娱乐搞怪、美等十三类主题。"神曲"与短视频的创作群体大多为出身草根的普通人,所拍摄的人物多为青年群体。抖音"神曲"短视频具有全民性、仪式性、颠覆性三大狂欢特征,具体表现为抖音成为开放的狂欢广场,全民享有传播的自由和平等对话的权利。人们通过围观讨论明星,鼓励支持草根,实现对明星脱冕和对草根加冕的仪式,这个过程也伴随着释放压力的欢笑和戏谑他人的讥讽。民众以无所拘束的言行举止颠覆了严肃官方的日常生活与话语形式,通过凸显和审视身体各个部分,颠覆现实中人物的形象。后现代主义思潮与视觉图像的普及、消费文化下组织与个人的经济利益、个体释放压力和取得成就感的心理需要等因素都在无形

---

① 徐雨衡:《论文摘要的写作之道》,《出版发行研究》,2012年第2期,第60页。

中促成了这场狂欢。虽然这场狂欢面向所有青年亚文化群体开放,打破了专业影音生产者的垄断,但采取温和间接的仪式来抵抗权威,其意义被娱乐消费侵蚀而趋向弱化。虽然人们在感性的群体狂欢中收获快乐,但却逐渐丧失独立思考的能力,易陷入盲目模仿他人的不理性状态。虽然短暂的"在线狂欢"得以实现,但却潜藏着不自由不平等的因素,更难以对长存的现实撼动分毫,最终不可避免地沦为虚拟乌托邦的想象。[①]

可以看到,从形式上看,这篇硕士学位论文的摘要是一篇体例完整的说明性短文,在结构上没有残缺,即使不阅读论文全文,我们也能从总体上知晓论文的整体情况并获得论文研究发现和主要观点的信息。

其次,摘要要以说明研究结果、研究发现论文核心观点为主,并简明扼要地说明研究背景、研究意义、研究对象、研究问题、研究方法、理论分析工具等。在实践中,有的论文摘要主要罗列说明各章主要研究内容;有的摘要主要陈述研究背景、研究意义,而对研究结果或论文核心观点的陈述一笔带过,将摘要写得像论文前言。上述两种情况是摘要写作在内容安排上最常见的误区,我们看上例《狂欢理论视域下的抖音"神曲"短视频研究》的摘要,其内容以陈述研究发现为重点,并简明扼要地说明了研究背景、研究对象、研究方法、理论分析工具。这篇摘要全文大约700字,其中陈述研究发现部分大约500字,陈述研究背景、研究对象、研究方法、理论分析工具部分大约200字,内容重点详略安排较为合理。需要指出,各学位授予单位学位论文体例规定中对摘要字数的限定各有不同,如果这篇摘要字数限定为500字,则需要对研究发现的陈述进行压缩。

再次,摘要是不加注释和评论的简短陈述。摘要应客观反映论文的主要信息,不是论文的补充、注释或总结,不可加进论文内容以外的注释或评论,尤其不得进行自我评价。也就是说,学位论文整体上是论证性的文体,但学位论文的摘要不是论证性、议论性文体,而是说明性文体,旨在说明而不是评价论文。同时,与论文标题一样,摘要不应有注释和引文注释,即摘要不能引用其他文献的观点材料,也不能通过注释来对摘要中的观点、概念术语等进行说明。

---

① 朱珍仪:《狂欢理论视域下的抖音"神曲"短视频研究》,华中科技大学硕士学位论文,2019年。

三、关键词

关键词是来源于论文的,能够充分反映论文研究对象、研究问题、研究结论与主要观点的规范化的词语或短语,一般地,硕士学位论文的关键词以3~5个为宜。恰当、合适的关键词相当于是学位论文的"标签",可以方便论文被收录、查阅、检索。确定论文关键词要考虑以下三个方面。

首先,作为关键词的词语或短语必须来源于论文。这些词语或是论文研究对象的名称;或是参与了论文题目、主要章节题目架构的词语;或是表征了论文问题意识、核心观点、研究结论的词语;或是论文主要理论分析工具的理论名称;或是论文独具特色的研究方法名称;或是论文主要案例的名称。例如,论文《被操纵的"惯常":算法推荐对新闻真实性消解的理论批判研究》的关键词为"新闻真实性;算法推荐;新闻操纵;理论批判;智能传播","新闻真实性""算法推荐"是研究对象的名称;"新闻操纵"是表征论文问题意识的核心词语;"理论批判"是表征论文研究方法、研究特色的词语;"智能传播"是论文重要章节的研究分析对象,也是论文的研究背景。

其次,论文关键词的排列顺序应符合逻辑。关键词的排列顺序不能杂乱无章、没有逻辑。我们认为,文科学位论文关键词排列顺序的逻辑有两种:一是认知思维逻辑,即按照认识、分析、阐释一个问题的思维过程排序,其顺序应是:研究对象、研究问题、核心观点(问题意识)、研究方法或理论……",论文《被操纵的"惯常":算法推荐对新闻真实性消解的理论批判研究》的关键词排列顺序为"新闻真实性;算法推荐;新闻操纵;理论批判;智能传播",就是以认知思维逻辑排序;二是凸显问题意识逻辑,即按照将表征核心观点(问题意识)的词语前置,其他词语按照认知思维逻辑排序的顺序。上例中关键词如果按照凸显问题意识逻辑排序,其顺序应为"新闻操纵;新闻真实性;算法推荐;理论批判;智能传播"。而且,如果能够充分表达论文问题意识的关键词有多个(3个以内),可以使用多个这样的关键词,但表征论文研究对象的关键词不能缺失。

再次,论文关键词的词性应以名词或名词性短语为主。论文关键词是规范化的词语或短语,原则上生造词、符号(字符、代号、代码等)不能作关键词。而且,关键词的词性应以名词或名词性短语为主,但是,与自然科学论文不同,人文社会科学论文并完全不排斥其他词性的词语或短语作关键词,只要这个关键词是表征论文研究问题的真正所需。

四、绪论中的引言

在学位论文正文之前,一般有一章"绪论",主要由引言、研究意义、国内外研究综述、研究方法、研究思路(章节安排)组成。本小节我们分析引言的写作,下一小节分析研究意义的写作。

引言是论文的开场白,如果按顺序阅读,引言也是读者阅读学位论文的起始部分。学位论文的引言篇幅可长可短,但不能没有,否则论文就要在没有任何铺垫、背景交代的情况下,直接以研究意义(或文献综述)开启,不仅在篇章结构上有残缺之感,而且也不利于读者自然顺畅地进入阅读状态。

学位论文的引言主要从总体上,导引性地陈述论文的研究背景、研究意义、研究对象等。作一个形象的比方,如果把引言之后的论文内容比作一座宫殿,我们在导游带领下准备到这座宫殿参观,引言就是我们进入宫殿大门之前,导游介绍的即将参观的这一宫殿的话语,而这些话语在我们进入宫殿参观时还要深入、具体、详细的论说。因此,引言的表达逻辑应该是由宏观(研究背景)到微观(研究个体)、由总体(研究对象所属的类)到具体(具体的研究对象)。

下面,我们以硕士学位论文《新主流电影中的平民英雄形象建构研究》的引言为例,分析引言的写作。

随着媒介文化和信息技术的发展,"影像"在人们日常生活及娱乐中的地位和作用越来越突出。电影和电视剧也因此成为人们日常娱乐生活中必不可少的一部分。新世纪以来,随着中国市场经济的发展以及大众文化的兴起,电影产业进入了一个史无前例的繁荣期,多年来持续发展,受众对于观影的需求也越来越旺盛。但由于资本的逐利、对商业化的盲目追求再加上国外大片的冲击,中国的电影虽然数量庞大但质量却参差不齐,商业片大多追求感官刺激以及过度的娱乐化导致其缺乏一定的价值取向,而主旋律电影又因其说教味过浓、情节单一导致很多观众不买账。为了振兴中国电影,集思想性、艺术性、商业性为一体的新主流电影应运而生。无论是从早期的"建国"三部曲系列,还是其后的《战狼2》《红海行动》《我和我的祖国》《长津湖》等,新主流电影在弘扬主流价值观的同时,又不断顺应新时代电影艺术的发展要求,赢得了观众和市场的认可。

据《2021中国电影年度产业报告》数据显示,2021年中国电影市场年度总票房达到472.58亿元(占疫情前2019年的74%),连续两年蝉联全球第一。新主流电影的影片数量和票房号召力在2021年达到了历年最高,已成为中国电影票房的主力军。此外,《长津湖》更是以57.7亿元的票房成绩位列中国历史上总票房榜首。在疫情影响下,还能取得如此佳绩,这不仅展现了我国电影市场顽强的生命力及其巨大的潜力,也充分说明了新主流电影强大的市场号召力。从近几年的中国票房排行榜可以发现,新主流电影经过持续发展,不断开拓新的题材领域,已成为引航我国电影市场的"头部"力量。除此之外,一种由政府牵头、表现国家主题、"国家队"主体与民企"地方队"合作、集中优势人才、多导演通力合作的新型电影工业模式正在生成。这也体现出新主流电影在当下强大的影响力。

英雄,自古以来就是一个民族精神信仰的重要载体,是构建家国情怀以及国家认同的精神桥梁。而新主流电影有着传播主流价值观的重要使命,其对于英雄人物的塑造在整合社会文化观念方面更是起着至关重要的作用,不但可以唤起观众的共同记忆,还能引发观众的集体认同。可以说,英雄形象的塑造是新主流电影传播主流价值观的最佳载体。纵观中国电影史,我国电影艺术家在不同时期以自身时代为背景塑造了各式各样的英雄形象。新世纪以来,大众文化兴起,平民英雄成为当下新主流电影创作的重要人物形象。例如《湄公河行动》中足智多谋的缉毒警察高刚和方新武;《攀登者》中舍己为人,为国奉献的登山队;《我和我的祖国》中重大历史时刻里平凡的小人物……新主流电影从世俗化和平民化的视角出发,塑造了一群个性鲜明且与"传统英雄"区别较大的"平民英雄"形象,并以"共情"的方式逐渐赢得观众的认同。基于此,本文以中国新主流电影的英雄形象为切入点,以15部新主流电影作为研究对象,运用框架理论和精神分析理论,探究影片中对"平民英雄"形象建构的表征及新变,分析背后的价值与成因。[1]

可以看到,这篇研究"新主流电影中的平民英雄形象建构"的论文引言在论说介绍研究背景——新主流电影的出现背景、新主流电影的发展情况及在当前中国电影业中的影响基础上,进入研究对象和研究意义——新主流电影中的平民英雄形象及其传播主流价值观的使命,进而导出研究方法、研究问题——运用框架理论和精神分析理论,探究影片中对"平民英雄"形象建构的表征及新变,分析背后的价值与成因。

五、研究意义

研究意义是对论文研究问题可能会对学术研究和现实社会发挥作用的陈述,一

---

[1] 范红瑞:《新主流电影中的平民英雄形象建构研究》,宁夏大学硕士学位论文,2023年。

一般地,文科学位论文的研究意义分为理论意义、现实意义两个层面。研究时间、研究层次和论文体量决定了绝大多数硕士学位论文的价值是有限的,因而在阐述研究意义时应实事求是、谦虚谨慎,原则上不要出现诸如"填补学术研究空白""首次提出""奠基"这样的话语。

下面,我们以硕士学位论文《新主流电影中的平民英雄形象建构研究》中"研究意义"陈述为例,分析论文"研究意义"的写作。

(一)理论意义

目前学界对新主流电影的研究大多聚焦于工业美学、概念梳理、历史发展等方面,对于英雄形象建构的研究较少,且国内尚未有新主流电影中平民英雄形象建构的相关研究。本文拟采用框架理论,以英雄形象在主流电影作品中的流变为切入点,对新主流电影中平民英雄形象的建构进行多方面的研究和挖掘,具有一定的理论创新价值。一方面,通过探究新主流电影中的平民英雄,分析这一形象建构的表征;另一方面,深入解读表征背后的语境及其价值意义,尝试进一步丰富关于电影英雄形象的相关文化理论研究。

(二)现实意义

自古至今,英雄都是一个时代的记忆,一个国家的荣誉,始终代表着一种民族精神。一个国家若没有自己的英雄,就相当于一个民族没有了脊梁,英雄对于国家精神、民族力量有着至关重要的作用。"一个有希望的民族不能没有英雄,一个有前途的国家不能没有先锋","伟大出自平凡,英雄来自人民"。每个时代都有英雄,平凡之人亦可成为英雄,而新时代的英雄其实更多的是来自我们身边的普通人。新主流电影中的英雄形象较之前有着明显的变化,平民英雄成为主流,在影片中占据着重要的位置。而对这一英雄形象的塑造更是有利于展现大国精神,凝聚民族自信,其重要性不言而喻。本文从新主流电影中的平民英雄形象出发,深入探究其背后的价值意义。一方面有利于反映当下社会中人们价值意识的变化;另一方面为未来的新主流电影的发展提供些许借鉴和参考。[①]

可以看到,作者在阐述论文"理论意义"时,先是简要陈述了学界对论文研究问题的研究情况以及本论文将对研究问题开展怎样的研究,进而阐述了本论文研究在学

---

① 范红瑞:《新主流电影中的平民英雄形象建构研究》,宁夏大学硕士学位论文,2023年。

术上对进一步拓展这一研究问题的价值与意义;在阐述论文"现实意义"时,紧密围绕"英雄观"在当代主流价值观建设中的地位作用以及新主流电影塑造英雄形象相较于传统主流电影新变化两个方面进行论证。总体上客观平实、有理有据。需要指出,学位论文的"研究意义"与"摘要"在写作方法上有明显不同,摘要是不加注释和评论的简短陈述,它不是论证性、议论性文体,而是说明性文体;学位论文的"研究意义"不是纯粹的说明性文体,而是兼有说明性、论证性的文体。也就是说,"研究意义"不是文本"自证"的,而是需要通过论证得出"研究意义"的结论,这样的"研究意义"才能让读者信服。实践中,有的学位论文"研究意义"只有说明陈述,使其既在篇幅上只有寥寥数语显得非常单薄,又因为没有有理有据的论证而缺乏说服力。

六、结论(结语)

学位论文的结论(结语)是对论文研究结果与主要观点、论文研究问题展望、论文研究存在问题与局限性的陈述,是论文本体的最后一个部分。"切忌虎头蛇尾,草草收场",这是我们对学位论文结论(结语)写作的建议与忠告。有的论文结论(结语)非常单薄,这让论文评阅者质疑的不仅是论文作者的能力,更是态度。

新闻传播学学位论文,以定量研究为主要方法的论文,"结论"部分应是整篇论文最核心的内容,因为论文前面的研究假设、研究设计、研究过程陈述最终的目标是要获得研究结论;以定性研究为主要方法的论文,"结语"部分是对全文内容的总结、对未来研究的展望以及对论文研究存在不足的自我剖析。这里主要分析后者"结语"的写作。

结语写作面临的问题有两方面:一是对全文内容的总结可能会与摘要及论文主体内容部分重合,如何处理好它们之间关系,使结语中的全文总结不是摘要的简单重复,这是论文作者要面对的现实问题;二是对未来研究的展望以及对论文研究存在不足的自我剖析,可能会"暴露"论文的弱点、不足,论文作者会因为担心论文评阅者可能会对论文"差评"而在写作时无从下笔。对于前者,我们认为,"重合"很可能存在,但结语部分的论文内容总结与摘要又有显著不同,摘要的总结只能是说明性的,且因为有字数限制而相对简约,这正给结语部分的内容总结留下了陈述与评价的空间;对于后者,只要不是结构性的、严重的论文"失误"(这样非常严重的问题必须改正),诸如因为研究时间、条件、文献资源、论文体量等因素造成的论文不足,论文评阅者是会"同情而理解"的,研究生大可不必因此担心而在写作时踟蹰不前。

下面，我们以硕士学位论文《新主流电影中的平民英雄形象建构研究》中"结语"为例，分析以定性研究为主要方法的论文"结语"的写作。

当代中国电影中英雄形象从建国初期对革命英雄的刻画开始，塑造了人民效仿学习的英模形象，但同时又是被过度神圣化的"神性"英雄。改革开放以后，英雄的"人性"开始回归，英雄形象人性化、世俗化的特征在电影中开始显现。新世纪以来，英雄在新的时代内涵下重焕生机，如今的新主流电影不仅取得优异的票房市场，其塑造的平民英雄形象更是赢得了广大观众的喜爱及认可。

新主流电影不同于以往教化感较强的主旋律电影，也有别于商业利益至上的主流商业电影，它"新"在制作、类型及主题上。新主流电影通过对重要时代节点的把握，以开创性的类型拓展、艺术化的审美追求以及对主流价值观的彰显与表达，获得市场瞩目。它体现了时代的精神风貌，满足了人民对美好生活的向往，并通过多元化的艺术表现和积极向上的审美追求，向大众呈现出多元且丰富的艺术价值，成为被市场、社会和国家认可的新时代中国电影新样态。

新主流电影中的平民英雄形象有别于以往的主旋律电影，它不再复写英雄人物总是要在家国、事业和个人之间作出选择，最终为了"大我"，只能牺牲"小我"，也不再过度褒扬纯粹的、无差别的"献身"，而是在展现英雄人物、家国故事的同时，将英雄回归到真实的"人"身上，强调平民英雄的职业与担当、初心与使命，以及他们在险境中所迸发出的强大力量。在时代大潮中，平民英雄以自身的智慧和能力，在平凡的事业中成就不平凡的自我，最终创就英雄事迹。新主流电影中所建构的平民英雄形象往往着眼于那些紧扣时代脉搏的普通人，他们勇于逆流而行、敢于奉献，最终成就了英雄的自我，或是展现各行各业所涌现的英雄人物，通过他们平凡生活中的英雄事迹书写当代中国人的光辉以及其所承载的中国精神。全球化语境下，新主流电影不但要讲好中国故事，弘扬主流价值观，增强人民的家国认同感与民族自豪感，还要以积极开放的姿态与世界相衔接，使中国故事"走出去"，通过国际化的叙事表达人类命运共同体这一全球共识。不同于西方电影中的各类英雄，中国新主流电影中的"平民英雄"更贴近国民对于英雄的想象，他们没有神奇的超能力，但个体有着鲜明的个性，是现实生活中的普通人。

本文运用框架理论和精神分析理论研究了新主流电影中的平民英雄形象，以此探究新主流电影中平民英雄形象建构的表征及新变。通过对平民英雄形象的文化解读总结其建构的类型和特征，以及表征背后所表现出的价值与成因。研究发现，新主流电影通过"英雄梦"的塑造使观众的心理产生一种投射，在将自身带入到影片中角色的位置后找到与其相似的平素气质,从而与平民英雄产生情感上的共鸣与自我认同,并进一步通过"询唤"的作用增强大众社会生活中的认同感、归属感,加深其对于主流意识形态的理解,使之成为凝聚民族自信的重要力量。

新主流电影建构的平民英雄形象促进了中国文化软实力的价值传播,传播了我国的主流价值观。期待未来中国的新主流电影在契合国内观众认同的同时,进而反向输出,使中国主流文化以更开放的姿态与世界相衔接,打通中国电影的国际化传播渠道,书写与传播中国精神的价值和底蕴。

本文在研究和写作中仍有一些不足之处。首先,由于本文运用的框架理论和精神分析理论等源自西方,因此在探讨新主流电影中的平民英雄形象时存在理论使用不深入的问题;其次,本文在符合平民英雄形象的基础上,只选择了获得中国电影"三大奖"最佳影片的新主流电影,还有很多观众反响热烈的,展现平民英雄形象的影片没有涉及,不能全面展现出新主流电影及其中的平民英雄形象,故而选取的样本影片在数目和内容上可能会具有一定的局限性。尽管如此,仍然希望本文能够为新主流电影未来的创新发展,以及平民英雄形象的研究作出点滴贡献。[①]

可以看到,这篇结语总体上较好地完成了对全文内容的总结。这一总结,既不是摘要式的对论文内容的说明性的概括陈述,也不是对全文各章节主要内容的罗列。作者紧密围绕论文的主要研究问题,以历史的、比较的视野回顾了当代中国社会英雄观、英雄与平民英雄形象在当代中国电影中的变迁,然后进入论文对研究问题"平民英雄形象在新主流电影中的建构"分析解读的总结,这既是这篇论文"结语"对全文内容总结的陈述逻辑,也是这篇论文全文的解读逻辑与研究思路,二者同一而又在详略安排上不同,这正是作为结语的"总结"所需要的。此外,作者在更高视野层次上,对论文研究问题提出了展望,以实事求是的态度剖析反思了论文的局限性和存在的主要问题。

需要指出,结语一般要对论文研究问题、主要观点进行"升华",即将研究问题、主要观点放在更高视野、更深层次、更多方法中进行展望。这些"更高视野、更深层次、更多方法"可以是跳出论文的,是论文"未达成也无法达成"的。正所谓"有残缺的美才是真正的美",任何论文都不可能完美无缺,这些展望中呈现出的论文"未达成也无法达成"的"残缺",正是新的研究的开始、再次创新的启航。

---

① 范红瑞:《新主流电影中的平民英雄形象建构研究》,宁夏大学硕士学位论文,2023年。

七、其他部分

最后,我们简要分析注释与参考文献、附录的写作问题。

首先,关于注释与参考文献。

学位论文做好注释与参考文献,主要是运用高质量文献和规范标注问题。前者,我们在第五章已经做过详尽的分析。后者,我们应注意以下问题。

一是注释和参考文献的区别与联系。一般地,在文科学位论文中,注释用脚注,其功能有两个,解释和补充论文中提到的内容,旨在帮助读者更好地理解文本内容;标注文中引用文献来源。文科学位论文中的参考文献不用在文内标注,而是分门别类地列出本论文研究写作过程中参考阅读文献的基本信息。因此,参考文献有两类,一类是论文注释中引用的文献;另一类文献,论文并没有直接引用,是作者在论文研究写作过程中阅读参考的文献。

二是要认识到注释和参考文献的重要性。一方面,任何创新都要站在前人肩膀上才能开展,文科学位论文参阅引用经典文献、高质量文献是评判其学术质量的重要指标之一。例如,一篇研究对象为"建国后中国新闻理论发展史"的论文,如果参考文献中没有甘惜分、王中教授的著述,其学术质量就会受到严重质疑;另一方面,规范地标注引用文献、列出参考文献是论文作者端正严谨治学态度的体现。我们要严格按照学位论文授予单位论文格式要求中规定的文献标注格式标注所有文献的基本信息,作者、题名、刊名(出版社名)、页码、出版日期、版本等必须准确无误,否则就是论文的"硬伤"。

三是学位论文参考文献要分门别类地排序。文科学位论文参考文献一般分为中文文献和外文文献两类。中文文献一般以著作、期刊论文、学位论文、报纸、电子出版物等为顺序分类排序。在每一类文献中,一般以著述作者姓名第一个字汉语拼音为序来排序。而在著作中,一般要把马克思主义经典作家的著作前置。

四是谨慎使用非学术性互联网资源文献。只要是出版社、期刊、报纸已经正式出版的文献,应标注文献的正式出版物信息,而不能标注网络资源信息。例如,论文引用一篇文章的观点需要标注文献来源,作者最先是通过网络搜索在某 APP 上获得并阅读这篇文章的,但不能就直接标注这篇文章的文献来源为某 APP,而是要进一步通过文献检索获取它在正式出版物上刊载的著录信息,并以此作为准确的文献来源信息用于论文引文注释及参考文献标注。如果没有,除非特别必要,宁可不引用。

其次,关于附录。

学位论文的附录是论文的补充材料,起到补充说明论文、辅助读者阅读理解的作用。附录可有可无,因需存在。新闻传播学学位论文的附录,其内容一般是调查问卷、访谈提纲、访谈原始记录、篇幅较长的论文案例基本情况介绍、研究对象总体情况的罗列性介绍、篇幅较长的重要引证材料原文等。

关于附录,我们应注意以下问题:一是必要的附录内容是论文作者严谨研究态度和论文研究工作量饱满程度的佐证材料,同时,也是帮助读者全面深入理解论文内容的重要参考材料。例如,一篇以某一时段报纸特定题材为研究对象的论文,如果在附录中能够以科学规范的形式全面完整地列出研究对象的基本情况,我们就能够较为客观地看到研究者的工作努力。二是以问卷调查、深度访谈为主要研究方法的论文,应在附录中完整地列出调查问卷、访谈提纲,如有必要,应列出重要访谈对象的访谈原始记录。三是附录内容必须与正文内容相对应,在正文中应有对每一附录内容的阅读指引性说明(如,详见附录一),也就是说,附录内容不能脱离论文正文孤立存在,在正文中找不到关于附录内容的说明或指引性说明。四是附录的排版格式要与正文相同,字体、字号、行间距等与正文应保持一致,附录内容如引自他人文献,应标注文献来源的详细信息。